Mit dem persönlichen Finanzplan
zur ersten Million

Doris Reffert-Schönemann

MIT DEM PERSÖNLICHEN FINANZPLAN ZUR ERSTEN MILLION

**Entdecken Sie
Ihre Geldpersönlichkeit
und machen Sie mehr
aus Ihren Finanzen**

unter Mitarbeit
von Heinz G. Perren

 Eichborn.

Die Autorin

Doris Reffert-Schönemann promovierte als Volkswirtschaftlerin bei dem Nobelpreisträger F. A. von Hayek in ihrem Spezialgebiet Geld und Währung. Sie kennt die Finanzwelt aus ihrer fünfzehnjährigen Arbeit als Wirtschaftsjournalistin und weiß – dank zehn Jahren Berufstätigkeit in leitender Stellung – genau, wie Banken funktionieren.

1994 gründete sie in Zürich die unabhängige Finanzberatung »Investor's Dialogue GmbH« und entwickelte eine eigene Methode für persönliche Finanzplanung. Bekannt ist die Autorin durch zahlreiche Beiträge in Zeitungen und Zeitschriften sowie durch Vorträge und Seminare zum Thema Finanzplanung.

2 3 4 5 6   03 02 01 00

© Eichborn Verlag AG, Frankfurt am Main, März 2000
Lektorat: Waltraud Berz
Gesamtproduktion: Fuldaer Verlagsagentur, Fulda
ISBN 3-8218-1613-9

Verlagsverzeichnis schickt gern:
Eichborn Verlag, Kaiserstraße 66, D-60329 Frankfurt/Main
www.eichborn.de

INHALTSVERZEICHNIS

Vorwort und Lesetips

Mein Berufsleben spielt sich in der Welt der Finanzen ab. Aus beruflichem Interesse lese ich also viel, was mit Geld zu tun hat. Warum vermehre ich nun die ohnehin zahlreiche Literatur zum Thema noch um ein weiteres Buch? Die Antwort fällt eigentlich einfach aus. Ich wundere mich immer wieder über Beobachtungen aus der Praxis: Warum bringen manche wohlhabende Menschen ihr beträchtliches Vermögen locker durch? Warum bauen andere aus kleinsten Anfängen ein Vermögen auf? Warum sind nicht alle, die täglich mit Finanzen umgehen, also viel Information und Wissen haben, auch reich? Warum gibt es unter Kindern aus der gleichen Familie, also mit der gleichen Erziehung, solche, die gut mit ihrem Taschengeld wirtschaften, und solche, die immer in Geldnöten stecken?

Alles, was ich bisher zum Thema Reichtum, Vermögen und Finanzen gelesen habe, hat mein Staunen nie ganz auflösen können. Nach meiner Erkenntnis führt meist schon die Fragestellung auf die falsche Fährte. Die Lösung wird oft in Tips und Strategien zur Geldanlage, also in der Auswahl bestimmter Finanzprodukte gesehen. Ich bin jedoch der Meinung, daß man tiefer ansetzen muß, nicht sofort bei der Welt der Finanzen, sondern erst einmal bei sich selbst. Aus dieser Überlegung entwickelte ich die »Geldpersönlichkeit«. In Kursen für Finanzplanung stellte ich fest, daß sich die Geldpersönlichkeit als Beratungsansatz sehr gut eignet, um Menschen, die der Beschäftigung mit Finanzen an sich wenig abgewinnen können, in kurzer Zeit ein Grundwissen weiterzugeben. Von der Erfahrung aus diesen Kursen war es dann nur ein kleiner Schritt zum Buch. Nicht zuletzt auch dank dem hartnäckigen Nachfragen der Lektoren des Eichborn Verlags, insbesondere Waltraud Berz, wurde dieses Buch auch tatsächlich geschrie-

7

ben. Herzlich danke ich den Verlagsverantwortlichen für ihre Motivation und Unterstützung sowie den vorgegebenen Termin. Ohne einen gewissen Druck fällt es den meisten Menschen schwer, etwas zu tun. Mir geht dies genauso. Und damit ist auch das Geheimrezept für Reichtum angesprochen. Wenn Glück und Zufall, die bekanntlich oft nicht anhalten, ausgeschlossen werden, dann geht es nicht ohne Disziplin auf dem Weg des »Erkenne dich selbst in deiner Geldpersönlichkeit und mache mehr daraus«. In diesem Sinn ist der Anspruch des Buches auch komplexer als die meisten anderen Ratgeber, die sich auf das Vermitteln von Finanzmarktwissen konzentrieren.

Das Buch ist ein Arbeitsbuch, lesen Sie es deshalb mit dem Bleistift in der Hand. Sie ziehen am meisten Nutzen daraus, wenn Sie Ihre Bemerkungen direkt im Buch anbringen und die Übungen an Ort und Stelle bearbeiten. Sowohl im Text als auch bei den 16 Übungen sind Fragen gestellt. Überspringen Sie diese nicht sofort, sondern halten Sie einen Moment inne und wenn es nur für eine erste spontane Antwort ist. In diesem Sinn ist es ein langsam zu lesendes Buch. Viel ist auch vom Prozeß der Planung die Rede. Prozesse brauchen Zeit, das Gelesene muß nachwirken können.

Als Währungseinheit wurde die Deutsche Mark gewählt. Die Größenordnungen der Zahlenbeispiele dürften auch für Leser aus der Schweiz zutreffen und leicht nachvollziehbar sein. Leser aus Österreich müssen die Beträge – leider – in Schilling umrechnen. Es hätte die Lesbarkeit des Textes stark beeinträchtigt, wenn die Zahlen jeweils in allen drei Währungen ausgedrückt worden wären. Für den EURO schien es noch etwas früh. Die meisten Menschen können mit ihrer gewohnten Währung vorläufig noch besser umgehen als mit dem EURO.

Das Buch ist der Einzigartigkeit der Menschen verpflichtet. Es kann deshalb auch auf individuelle Weise gelesen werden. Fangen Sie mit den Teilen an, die Sie interessieren. Vielleicht gehören Sie eher zu jenen, die zunächst einmal durch die konkreten Beispiele (Kapitel 3) angeregt werden wollen. Suchen Sie jenes Beispiel heraus, von dem Sie meinen, daß Ihre Lebenssituation ähnlich sein könnte. Beachten Sie, daß die Zahlen für Einkommen, Vermögen und Ausgaben eher hoch bemessen wurden. Wenn man mit größeren Zahlen argumentiert, dann werden die entsprechenden Argumente besser sichtbar. Sie können sich, wenn Ihr persönlicher Fall anders gelagert ist, dadurch helfen, daß Sie die Beträge in Gedanken um die Hälfte kürzen oder eine Null abstreichen. Wenn Sie ein systematisches Vorgehen in der Art eines Lehrbuches vorziehen und Sie zunächst die theoretischen Grundlagen kennen möchten, dann beginnen Sie mit den Kapiteln 2 und 4 über die Geldpersönlichkeit und den persönlichen Finanzplan. Im Stichwortverzeichnis finden Sie die Angabe, wo die wichtigsten Fachausdrücke erklärt sind, so daß die Verständlichkeit nicht leidet, auch wenn Sie nicht systematisch mit der ersten Seite begonnen haben. Wichtig ist, daß Sie sich aus dem Buch genügend Motivation holen können, um dann wirklich in Ihren persönlichen Planungsprozeß einzusteigen, seriös und solide, denn schließlich geht es um Ihr Geld.

Das Buch hat noch eine andere Facette. Es geht mir darum, dem Kunden seine Macht gegenüber den großen Banken und Versicherungen bewußt werden zu lassen und ihn zu stärken. Der Zeitgeist ist dafür günstig, denn der Wettbewerb unter den Instituten wird immer intensiver, aber auch aggressiver. Die Kunden müssen gerüstet sein, um ihre Marktmacht auch zu nutzen. Dies geschieht eben vielfach nicht. Ein gangbarer Weg dazu wird in diesem Buch aufgezeigt: Man muß sich selbst und seine Ziele besser kennen. Dann hält man auch den verführerischen Marketingstrategien stand und muß dazu kein Finanzmarktexperte werden, vor allem, wenn einen die Welt der Finanzen eigentlich nicht interessiert.

Die angeführten Beispiele beruhen auf Auswertungen und Berechnungen mit einem Software-Programm, das ich zusammen mit Heinz G. Perren, Wirtschaftsinformatiker, in meiner Firma entwickelt habe. Er ist für die Simulationen der Beispiele und die Ausarbeitung der Varianten verantwortlich. Für seine engagierte Mitarbeit danke ich herzlich. Dorothea Bünzli Knierlinger war die erste Leserin, sie hat sorgfältig alles angestrichen, was unklar war, und die Schlußredaktion besorgt. Jeder, der je ein Buch geschrieben hat, weiß, welch große Knochenarbeit dahintersteckt. Ganz herzlichen Dank.

Den Leserinnen und Lesern möchte ich mit diesem Ratgeber einen Kompaß mitgeben, um sich im Dschungel der Finanzen besser zurechtzufinden. Dies beginnt mit der Entdeckung der eigenen Geldpersönlichkeit, also damit, seine individuellen Eigenarten im Umgang mit Geld festzustellen. Die Leser sollen informiert und vorbereitet sein, um dem Finanzberater präzisere Fragen stellen zu können. Sie sollen einen kräftigen Anstoß bekommen, um ihren persönlichen Finanzplan an die Hand zu nehmen. Und vor allem sollen sie die Scheu vor dem Thema überwinden, um mit sich und dem lieben Geld besser in Einklang zu leben und ihr persönliches Finanzpotential optimal auszuschöpfen.

1. REICH WERDEN: REALITÄT ODER FIKTION?

WANN IST MAN REICH?

Eigentlich würde man meinen, es sei einfach, das Wörtchen »reich« zu definieren. Versuchen Sie einmal, in einer Gesprächsrunde diese Frage zu stellen. Die Antworten werden sehr unterschiedlich ausfallen. Manche werden eine Zahl nennen, eine Million kommt oft vor, andere werden eine Person nennen, angefangen von Krösus aus der Welt der Mythen bis Onassis, Soros, Bill Gates, Queen Elisabeth. Oder die von Zeitschriften publizierten Listen der 500 Reichsten zitieren. Wieder andere sehen Reichtum im Besitz der Villa im Grünen, einem Segelboot, Ferienhaus und so fort. Auch der Duden bietet viele Bedeutungen an: begütert, bemittelt, betucht, finanzkräftig, mit Glücksgütern gesegnet, gutsituiert, kapitalkräftig, liquid, potent, vermögend, viel besitzend, wohlhabend, zahlungskräftig.

Wenn Sie für sich persönlich eine Summe nennen müßten: Wie groß müßte diese sein, um Ihnen das Gefühl zu vermitteln, das Sie mit dem Begriff »reich« verbinden? Vermutlich geht es Ihnen wie den meisten Menschen, die Antwort fällt eher vage aus. Meist läuft sie darauf hinaus, daß es mehr sein sollte als heute. Vielfach wird dies auch so formuliert, daß zusätzlich zu dem, was fürs Leben notwendig ist, noch ein Topf vorhanden sein sollte, in den man hineingreifen kann. Die Bandbreite für den Umfang dieser Summe ist in Umfragen erstaunlich: sie reicht von 10.000 DM bis zu mehreren Millionen. Auch Menschen, die nach allgemeinem Verständnis reich sind, haben oft den Wunsch nach etwas mehr. Es leuchtet jedoch ein, daß man mit vagen Vorstellungen über Reichtum wenig anfangen kann. Das »bißchen mehr« ist zu spezifizieren. Damit erhält man auch eine Zielvorgabe und erst dann kann man planen und rechnen, wie man zu Reichtum kommen kann. Schon in diesen Überlegungen schwingt die Wichtigkeit eines Zieles mit. Bei den Finanzen ist es wie mit vielen anderen Wünschen im Leben, je konkreter die Vorstellung über das Ziel ist, um so größer die Chance, daß man das Ziel auch erreicht. In diesem Sinn hilft die Vorstellung, sich als »Lebensunternehmer« zu verstehen. Es braucht eine Vision, statt des eher vagen Wunsches oder Zieles nach dem bißchen mehr. Die Vision bildet die Grundlage für die Unternehmensstrategie, die sich dann wiederum im handfesten Businessplan oder wie in diesem Buch dem Finanzplan niederschlägt.

In Diskussionen über die Frage, wann sich jemand reich fühlt, kann man sich meist darauf einigen, daß man dann reich ist, wenn man von seinem Vermögen leben kann, ohne arbeiten zu müssen. Bei Finanzen darf man nicht bei vagen Aussagen stehenbleiben, sondern alles, Wünsche, Ziele, das »Davon-Leben-können«, ist konkret in Zahlen zu fassen. Damit ist vermutlich auch einer der zentralen Widerstände angesprochen, sich mit Finanzen auseinanderzusetzen. Vielen Menschen widerstrebt es, für sie wichtige Dinge in Zahlen zu fassen. Sicher kann nicht alles im Leben in Geldgrößen ausgedrückt werden. Wie sollen Zuneigung, Gesundheit, Gemütszustände in Geld gefaßt werden? Jedoch ist bei näherem Überlegen erstaunlich, wieviel seines Daseins man in Mark und Pfennig benennen kann, wenn man sich aus der Sicht der Finanzen betrachtet. Wird die Ebene der Beziehungen ausgeklammert – aber selbst da hat Reichtum seine eigene Anziehungskraft –, dann können Bereiche wie Gesundheit mit Ausgaben für Prophylaxe und Krankenversicherung sozusagen monetarisiert werden, oder der Wunsch, ein Jahr nichts zu tun, kann mit Geld beziffert werden, indem man die Ausgaben für den Lebensstandard und sonstige Verpflichtungen wie Steuern und Versicherungen für diesen Zeitraum zusammenzählt.

Die Aussage, man ist dann reich, wenn man nicht arbeiten muß, zieht als erstes die Frage nach der Höhe des Lebensstandards nach sich. Mit welchem Lebensstandard fühle ich mich wohl? Wieviel möchte ich für den Bereich »Rund um das Wohnen« ausgeben? Wie sieht mein Lebensstil in bezug auf Essen, Kleidung und Pflege aus? Was sind meine individuellen Bedürfnisse wie Reisen, Unterhaltung, Vergnügen und so fort? Dann sind auch die »Muß-Verpflichtungen«, wie Versicherungen und Steuern, zu bedenken. Weiter ist zu berücksichtigen, für wen die Lebensausgaben bestimmt sind, nur für einen selbst oder die Familie.

In diesem Zusammenhang ist weiter zu überlegen, wie mit dem Vermögen umgegangen werden soll. Es ist zu bestimmen, ob das Vermögen in seinem Wert erhalten bleiben soll, also daß man gewissermaßen von den Zinsen lebt. Für manche Menschen stellt die Erhaltung des Wertes des Vermögens ein wichtiges Ziel dar. Für andere wiederum liegt das Gewicht nicht auf dem Erhalten, sondern für sie bedeutet Vermögen eine Substanz, mit der etwas geschehen soll. Sie gehen von der Vorstellung aus, daß das Vermögen irgendwann einmal aufgebaut und dazu da ist, wieder unter die Leute gebracht zu werden. Selbstverständlich gibt es viele Varianten dazwischen, beispielsweise einen bestimmten Wert immer erhalten und einen anderen Teil aufbrauchen. Der erhaltenswerte Teil des Vermögens ist in der Vorstellung vielfach mit einer Immobilie verknüpft. Oft wird das eigene Haus deshalb auch nicht wirklich in die Vermögensaufstellung einbezogen, sondern wie separat behandelt. Aus dieser Optik betrachtet, ist die Zahl der Millionäre viel höher, als dies allgemein bewußt ist.

Lassen Sie sich durch die folgenden Überlegungen führen, um »reich« zu quantifizieren. Damit Beispiele miteinander verglichen werden können, sind gewisse Annahmen für alle gleich zu definieren.

Reich = nicht arbeiten müssen

Als erstes betrifft dies die jährlichen Ausgaben, darunter soll der Lebensstandard, die Steuern und Versicherungen verstanden werden. Sicher schwanken die Ausgaben entsprechend der Lebensphase und den persön-

13

lichen Ansprüchen, aber um Vergleichbarkeit zu gewährleisten, soll von einer festen jährlichen Summe für die Lebenshaltung ausgegangen werden. Der Lebensstandard umfaßt: Wohnen, Essen, Kleiden, individuelle Ausgaben für Unterhaltung, Reisen, sowie Versicherungen und Steuern. Die Beispiele in diesem Buch gehen zum einen von jährlichen Ausgaben von 100.000 DM und zum anderen von 300.000 DM aus. Bei dem Betrag von 100.000 DM können Sie sich ein Familienbudget vorstellen, das etwas mehr Spielraum zuläßt als das, was die Statistik als durchschnittliche Ausgaben für den Normhaushalt einer Familie angibt, nämlich etwa zwei Drittel dieser Summe. Man könnte auch mit den Statistikzahlen rechnen, der Betrag von 100.000 ist jedoch eine so schöne runde Summe und dürfte für viele schon das »bißchen mehr« an Lebensstandard repräsentieren. Der Betrag von 300.000 steht für den Lebensstil, der mit wohlhabend und höchst komfortabel beschrieben werden kann. Diese Ausgabensumme dürften die obersten Zehntausend der Mittelschicht mit Familie zur Verfügung haben. Weitere Sprünge in der Höhe der Ausgaben sind dann schon mit einem »Jet-set«-Verhalten verbunden, wie Häuser auf verschiedenen Kontinenten, das eigene Privatflugzeug bis hin zur eigenen Insel.

Für die Rechenarbeit ist auch der Zeithorizont zu bestimmen. Dafür nehmen wir die durchschnittlich zu erwartende Lebensdauer der jeweiligen Person. Im Anhang sind Sterbetafeln mit der durchschnittlichen Lebenserwartung zu finden. Schließlich muß man sich noch auf die Art der Zusammensetzung des Vermögens einigen. Dafür wird eine Aufteilung in Obligationen und Aktien gewählt. Andere Anlagemöglichkeiten sind nicht einbezogen, da sonst das Rechnen sehr komplex wird. Es wird bei der Entwicklung des Vermögens mit einer in der Finanzplanung bewährten Regel für die Aufteilung des Vermögens in Aktien und Obligationen gerechnet. Man geht davon aus, daß in den jungen Jahren die Risikofähigkeit höher ist als im Alter, entsprechend wird ein höherer Aktienanteil gewählt. Diese sogenannte Altersregel wird im Kapitel 4 noch näher erläutert. Die Renditen entsprechen denjenigen, mit denen später auch im persönlichen Finanzkonzept gerechnet wird. Es sind reale Renditen, also wird der Inflationseffekt eliminiert (vgl. für Altersregel und reale Renditen Seite 127 f). Es werden zwei Varianten vorgestellt: Einmal ist die Vorgabe, daß das Vermögen bis zum Ende der durchschnittlichen Lebenserwartung aufgebraucht werden darf (»Vermögensverbrauch«). Bei der anderen Variante soll das Vermögen mit seinem Anfangswert erhalten bleiben (»Vermögenserhalt«).

Im folgenden geht es um vier Lebenssituationen, die mit dem Wunsch nach Reichtum verknüpft sind. Sie verdeutlichen anschaulich den Zusammenhang zwischen Zeit und Geld, den man dann auch auf die eigene Situation übertragen kann. Mit welchem Betrag ist man bereits in jungen Jahren reich? Wie sieht es im mittleren Alter aus und wie im heute häufig anzutreffenden Fall der Frühpensionierung? Und schließlich stellt sich die Frage, wie reich man für ein sorgenfreies Alter sein muß? Die Ergebnisse überraschen meistens. Selbst wenn man Ökonomen, ohne daß sie einen Rechner zur Verfügung haben, schätzen läßt, wieviel diese Summen ausmachen, werden sie sich in den meisten Fällen verschätzen. Dies liegt daran, daß man den Zeiteffekt des Sparens und die Wirkung des Zinseszinses nicht intuitiv erfaßt.

Unser erstes Beispiel ist ein Spitzenfußballer. Er hat in jungen Jahren Höchstleistungen erbracht. Mit 30 Jahren will er aufhören, denn seine Knochen machen nicht mehr länger mit. Sein großer sportlicher Einsatz soll ihm so viel Reichtum bringen, daß er für den Rest seines Lebens nicht mehr arbeiten muß. Seine durchschnittliche Lebenserwartung beträgt 50 Jahre. Seine jährlichen Ausgaben sind 100.000 DM, er will vergleichsweise bescheiden bleiben. In diesem Fall muß er sich bei der Variante »Verbrauch« ein Vermögen von 2,65 Millionen DM erspielt haben, bei Variante »Erhalt« braucht er eine Million mehr, also 3,6 Millionen DM. Wenn sich unser Spitzenfußballer einen aufwendigen Lebensstil mit 300.000 DM angewöhnt hat, dann benötigt er im Fall »Verbrauch« 7,9 Millionen DM, im Fall »Erhalt« 10,8 Millionen DM.

Das Vermögen des Spitzenfußballers mit dreißig

15

Der Lotto-gewinn für die 45jährige Hobby-malerin Unser zweites Beispiel ist die 45jährige Hobbymalerin, die genug von der Arbeitswelt hat und nur noch malen möchte. Ihre Lebenserwartung ist noch 38 Jahre. Sie träumt von einem Lottogewinn. Wie hoch müßte ihr Lottogewinn sein, wenn sie nicht viel an den heutigen Lebensumständen ändert (100.000 DM)? Im Falle »Verbrauch« müßte der Lottogewinn knapp 2,4 Millionen DM sein, im Fall »Erhalt« knapp 4 Millionen DM. Wenn sie von der eigenen Villa in der Provence träumt (Lebensstandard 300.000 DM), dann würden dies 7,1 Millionen DM bzw. 11,8 Millionen DM sein.

Das Vermögen für die Früh-pensionierung mit 55 Jahren Das nächste Beispiel betrifft ein heute 55jähriges Ehepaar. Sie sind ohne Kinder und beide berufstätig. Sie möchten beginnen, das Leben zu genießen. Die durchschnittliche Lebenserwartung ist 27 Jahre. Sie fragen sich, ob ihr bis heute erarbeitetes Vermögen reicht, um einen Lebensstil von 100.000 DM Ausgaben im Jahr zu finanzieren. Sie müßten im Fall »Verbrauch« knapp 2 Millionen DM und 4 Millionen DM für die Variante »Erhalt« auf der Seite haben. Und wenn der Lebensstil luxuriös sein sollte (ca. 300.000 DM), dann belaufen sich die Summen auf 5,8 Millionen DM bzw. 12 Millionen DM.

Das Alters-kapital mit 65 Jahren Schließlich ist noch das normale Beispiel des 65jährigen Mannes zu rechnen, der vor der Pensionierung steht. Wieviel Alterskapital muß er auf der Seite haben, um sich ein von finanziellen Sorgen freies Alter leisten zu können? Die Lebenserwartung beträgt statistisch noch 20 Jahre. Bei einem Lebensstandard von 100.000 DM lauten die Summen knapp 1,4 Millionen für »Verbrauch« bzw. 3,9 für »Erhalt«. Bei einem Lebensstandard von 300.000 DM wären das 3,9 Millionen DM bzw. 11,8 Millionen DM.

Der Wunsch nach der Million Aus dem Fall des Rentners, der einen Lebensstandard von 100.000 DM hat, kann man den beruhigenden Schluß ziehen: Im Laufe eines Arbeitslebens, also in insgesamt 45 Jahren vom Alter 20 bis 65, kann durchaus ein Betrag von 1,37 Millionen DM zusammenkommen. Der Zeiteffekt des Sparens und jener des Zinseszinses helfen mit. Lange Einzahlungsjahre und Verzinsung

Das Wunschvermögen für verschiedene Schicksale und Lebensphasen in Zahlen

		bei jährlichen Ausgaben von			
		100.000		300.000	
	Lebens-erwartung	Vermögen aufbrauchen	Vermögen erhalten	Vermögen aufbrauchen	Vermögen erhalten
30jähriger Fußballer	50	2.650.000	3.600.000	7.900.000	10.800.000
45jährige Hobbymalerin	38	2.398.431	3.946.134	7.113.834	11.838.402
55jähriges Arbeitsehepaar	27	1.975.795	3.998.990	5.820.901	11.996.969
65jähriger Rentner	20	1.369.165	3.939.200	3.972.231	11.817.601

stecken auch hinter der Konstruktion von Pensionskassen nach dem Kapitaldeckungsverfahren. Im Laufe des Arbeitslebens wird aus Beiträgen von Arbeitnehmer und Arbeitgeber ein Kapital angesammelt. Dieses wird gemeinsam mit dem Kapital der anderen Arbeitnehmer verwaltet und gemehrt. Und dann wird die Rente gemäß dem von jedem einzelnen angesammelten Vermögen entrichtet. Um auf ein Alterskapital von 1,37 Millionen DM zu kommen, müßten Arbeitgeber und Arbeitnehmer zusammen rund 10.000 DM jährlich während 45 Jahren einzahlen. Wird dieses Geld mit einer zwar sehr sicheren jedoch eher mageren Verzinsung von 4 Prozent angelegt, kommt man ungefähr auf die 1,3 Millionen. Dieser Betrag stellt den Kapitaltopf dar, aus dem dann eine jährliche Rente bezahlt werden kann. Daß dies möglich ist, belegt die für die Schweiz geltende berufliche Vorsorge. Der Rentner erhält eine Rente in Höhe von 7,2 Prozent des bei der Pensionierung vorhandenen Kapitalstocks. Gemäß dem vorherigen Beispiel ergibt dies ungefähr eine Rente von 100.000 DM jährlich. (Pensionskapital im Alter von 65 Jahren multipliziert mit 7,2 Prozent ergibt die jährlich auszuzahlende Rente.) Das Rechenbeispiel ist sehr schematisch, aber es zeigt doch auf, daß nach einem langen Arbeitsleben ein Alterskapital von über einer Million nicht in den Bereich der unerfüllbaren Wünsche gehört.

Das Wunschvermögen für verschiedene Schicksale und Lebensphasen im Bild für Ausgaben von 100.000 jährlich

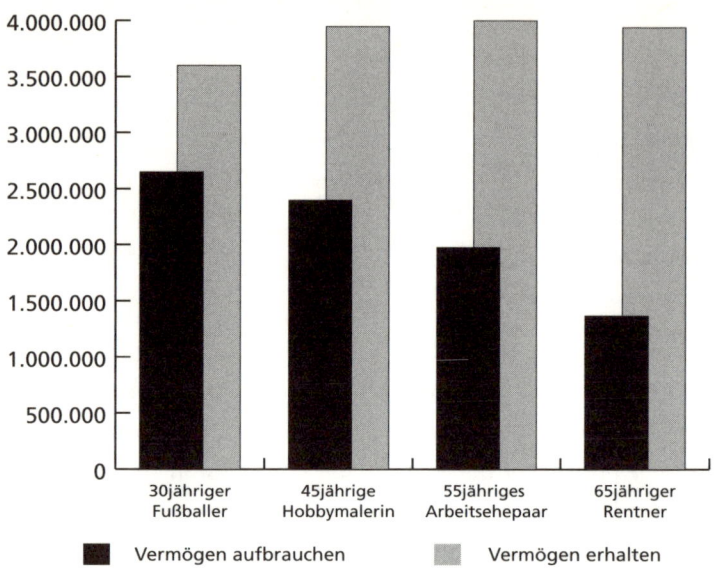

für Ausgaben von 300.000 jährlich

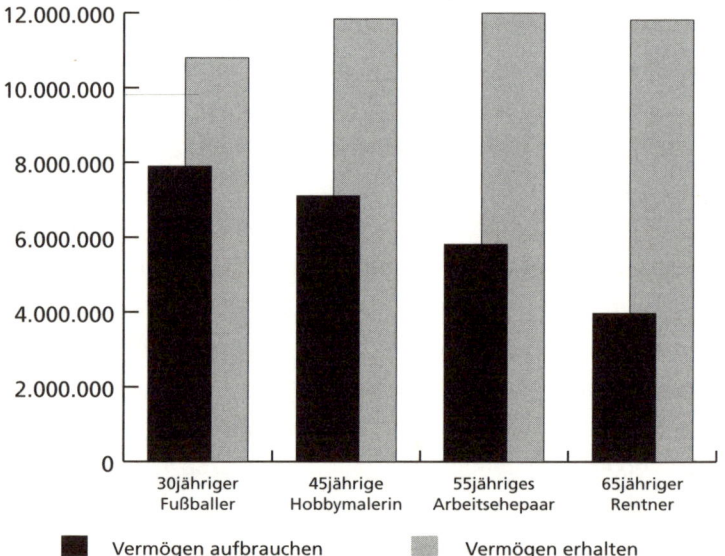

18

Wenn man vom Ertrag des Vermögens leben möchte, dann müssen die Summen schon recht hoch sein. Im Falle eines Lebensstandards von 100.000 DM bewegt sich dies für die verschiedenen Lebensalter zwischen 3,6 Millionen DM und knapp 4 Millionen DM. Auch diese Ergebnisse veranschaulichen den Zinseszins und Zeiteffekt. Je länger der Horizont ist, um so besser kann Geld arbeiten. Man kann dann auch höhere Risiken eingehen – sprich Aktien kaufen. Risiko zahlt sich langfristig aus. Denn wer ginge Risiken ein, wenn diese sich nicht irgendwie rentieren würden?

Vom Ertrag des Vermögens zu leben, macht mehrere Millionen notwendig

Nebenbei bemerkt, kann man dem Mechanismus, der hinter der Geldvermehrung steckt – Renditen auf das eingesetzte Kapital –, auch sozialkritische Überlegungen anhängen. Daß das Geld arbeitet, man sozusagen nicht von seiner Hände Arbeit, sondern vom Kapital lebt, war und ist für viele auch eine frustrierende Erkenntnis. Es wird als ungerecht empfunden, daß jene, die »haben«, noch dazu eine Rendite erhalten, ohne sich selbst anstrengen zu müssen.

Um die Arbeit des Zinseszinses und die Wirkung der Zeit zu zeigen, stelle man sich folgende Hochrechnungen vor: Im Alter von 20, 30, 40 und 50 Jahren sei das Ziel, mit 60 Jahren, eine Million zu erreichen. Alle zweigen aus ihrem Einkommen eine Sparsumme ab. Da das Ausgangsalter sehr unterschiedlich ist, müssen die Sparbeträge bei höherem Anfangsalter größer sein. Für den 20jährigen beträgt die jährliche Sparsumme 11.000 DM, für den 30jährigen 18.000 DM, für den 40jährigen 33.000 DM und für den 50jährigen 81.000 DM. Der Zinssatz beträgt für alle gleich 4 %. Es wurde ein Zinssatz gewählt, der an den Märkten sicher zu erzielen ist. Im Finanzplanungsprozeß kann je nach Ausgangslage und persönlichen Umständen mit höheren Renditen gerechnet werden. Im Beispiel geht es jedoch vor allem um die Arbeit der Zeit und des Zinses und nicht um möglichst hohe Renditen. Jedes der vier verschiedenen Alter erreicht mit 60 eine Million. Es ist unschwer, einzusehen, daß für den Zwanzig- und Dreißigjährigen das Sparen dank der längeren Wirkungszeit des Zinseszinseffekts einfacher zu

Zinseszins und Zeiteffekt machen reich

erreichen ist. Die monatlichen Sparbeträge betragen für das Ausgangsalter zwanzig nur 916 DM, für dreißig 1.500 DM. Beginnt man jedoch erst mit 40 Jahren, dann ist eine monatliche Sparsumme von 2.750 DM notwendig. Im Alter von 50 Jahren werden die Beträge sehr hoch, nämlich monatlich 6.750 DM.

Reich und zufrieden Für Ihren persönlichen Weg zum Reichtum können Sie daraus den Schluß ziehen: das Erreichen Ihrer ersten Million DM ist möglich. Drei Dinge sind dafür nötig: der Zeiteffekt des Vermögensaufbaus ist zu nutzen, der Zinseszinseffekt mit höheren Sätzen ist ins Spiel zu bringen und das Wichtigste, damit die ersten beiden Faktoren überhaupt wirken können: Sie müssen einen Plan machen, nach dem Sie Ihr Vermögen aufbauen. Und dies hängt von Ihnen ab. Wie Sie am besten vorgehen und was Sie dabei unterstützen kann, ist Inhalt dieses Buches.

Eine ganz wichtige Frage ist noch vorab zu klären: nämlich, ob sich unser Spitzenfußballer, die Hobbymalerin und das Ehepaar, egal mit welchem Vermögen, wirklich reich fühlen? Es ist festzustellen, daß man eigentlich selten zufrieden ist mit dem, was man hat. Für das Konsumverhalten haben die Ökonomen dafür den Ausdruck geprägt: »Live up to the Jones'«, das heißt, man orientiert sich mit seinem Ausgabeverhalten immer an der nächst höheren Klasse. Vielleicht fühlt sich der Spitzenfußballer im Kreise des Jet-set mit 300.000 DM jährlichen Ausgaben arm, denn das Privatflugzeug und die eigene Insel sind bei ihm nicht drin. Im Kreise seiner früheren Schulkollegen wiederum würde er schon mit einem jährlichen Budget von 100.000 DM als reich gelten.

Kurz, Reichtum ist etwas sehr Subjektives. Für das Selbstverständnis ist wichtig, daß man seine höchst persönliche Summe definiert, mit der man sich reich und zufrieden fühlt. Die Betonung liegt dabei auf dem »und«. Anschauungsmaterial, wie wichtig das »und« ist, bieten Erbfälle, die unerwartet und plötzlich Reichtum bringen. Eine 25jährige Soziologiestudentin erbt durch den plötzlichen Tod ihres Vaters eine Million DM. In ihrem studentischen Umfeld gilt sie plötzlich als irrsinnig reich. Persönlich leidet sie darunter, von vielen Kollegen nun anders behandelt zu werden als vorher. Sie könnte jedoch, bei einem eher bescheidenen Lebensstandard von 50.000 DM, nur 21 Jahre lang leben, ohne arbeiten zu müssen, wäre also nach unserer Definition nicht reich. Eine 60jährige Frau erbt nach einem langen harten Arbeitsleben, während dessen sie immer eher knapp mit den Finanzen war, weil sie eine Familie zu unterhalten hatte, von ihrem zu Lebzeiten höchst geizigen Vater drei Millionen. Sie hatte keinerlei Vorstellung über die Höhe des Vermögens ihres Vaters. Sie kann es sehr schwer fassen, was dieser Reichtum für sie bedeutet. Sie fühlt sich nicht reich, sondern belastet. Bei den Superreichen ist zu beobachten, daß Menschen, die an Reichtum gewöhnt sind, häufig von Mißtrauen geplagt sind. Sie fürchten, daß alle von ihrem Reichtum profitieren wollen und sie nur wegen des Reichtums beliebt sind. Geiz ist weit verbreitet, was auch schon im Volksmund zum Ausdruck kommt: Von den Reichen lernt man sparen.

Die Folgerung aus dem Gesagten: Egal, ob Sie »arm« oder »reich« in einen Finanzplanungsprozeß starten, Sie werden sich nach dem Durcharbeiten Ihres persönlichen Finanzkonzepts reicher und zufriedener fühlen. Zur Vorbereitung auf die persönlichen Strategien fürs Reichwerden, ist noch darauf einzugehen, welche Erkenntnisse der Finanzmarkttheorie für den privaten Gebrauch nützlich sind und was von Patentrezepten zu halten ist.

WAS SAGT DIE WISSENSCHAFT?

Bietet die Wissenschaft eine Hilfe auf dem Weg zum Reichtum? Die heute von Banken, Versicherungen und Vermögensverwaltern – kurz der Financial Communitiy – angewandten theoretischen Erkenntnisse für die Ver-

Das Konzept von Risiko und Ertrag

waltung von Vermögen stammen aus den fünfziger Jahren und sind mit dem Namen Harry Markowitz verbunden. Seine Konzepte wurden in den siebziger Jahren praxistauglich. Im Jahr 1997 erhielt er dafür den Nobelpreis. Markowitz brachte Risiko und Rendite in einen systematischen Zusammenhang. In den sechziger Jahren haben Wissenschaftler wie Sharpe und Lintner seine Theorie weiterentwickelt. Dies wird heute mit moderner Portfolio-Theorie bezeichnet. Die Finanzmarkttheorie bietet Hilfen, wie mit dem Vermögen umzugehen ist, was bei der Anlage zu berücksichtigen ist, jedoch nicht eigentliche Anleitungen zum Thema, wie man denn nun die Million erreichen könnte. Wenn Sie möchten, dann können Sie diesen Abschnitt des Buches überspringen. Sie müssen nur ein wichtiges Ergebnis daraus mitnehmen, nämlich, daß Risiko und Ertrag in einem systematischen Zusammenhang stehen.

Im wesentlichen gingen die Forscher der Frage nach, mit welchem Risiko ein bestimmter Ertrag (Rendite) erkauft wird. Wobei die Definition des Risikos als Schwankungsbreite (Volatilität oder Standardabweichung) des betreffenden Wertpapiers verstanden wird. Die Finanzanalytiker optimieren so lange, bis sie einen bestimmten Ertrag mit möglichst wenig Risiko herausgefunden haben. Beim Anleger liegt es nun zu bestimmen, wieviel Risiko er eingehen möchte. Allgemein herrscht die Vorstellung, wenn der Anleger das für ihn passende Risikomaß bestimmt hat, kann das Wertschriftendepot optimal zusammengestellt werden. Aber mit dem Risiko, definiert als Schwankungsbreite, können sich die wenigsten Anleger wirklich identifizieren. Die meisten Anleger denken nicht in »Volatilitäten«, sondern eher in Kriterien von Verlust oder Gewinn, d.h. die Aktie wurde zum Kurs von 100 gekauft, heute ist sie 120 wert, so wird das als Gewinn angesehen, wenn sie auf 80 steht, ist es ein Verlust. Kurz, für den persönlichen Umgang mit dem Geld hilft die gängige Finanzmarkttheorie nicht viel weiter. Sie ist erst dann nützlich, wenn man schon weiß, was man nun tatsächlich konkret möchte.

Neben dem heute gültigen Standard in der Finanzmarkttheorie hat sich insbesondere in den USA in den letzten fünf Jahren eine Forschungsrichtung entwickelt, die sich mit dem Verhalten der Menschen auf den Finanzmärkten beschäftigt. Die Vertreter des »Behavioral Finance« wollen Kernsätze der klassischen Theorie aus den Angeln heben, etwa die Annahme, daß die Anleger rational investieren und die vorhandene Information optimal nutzen. Der Anspruch einer neuen Theorie ist vielleicht heute noch etwas hoch gegriffen. Jedoch hat die Forschung inzwischen Ergebnisse gebracht, die für den Weg zum Reichtum bedenkenswert sind. Es können insbesondere die Erkenntnisse darüber genutzt werden, wie wir Menschen gemeinhin Entscheide fällen. Bei den Finanzen geht es ja letztlich immer darum, daß man entscheidet: Ich gebe das Geld aus oder ich spare es. Ich kaufe die Aktie der Deutschen Bank, ich verkaufe die Aktie der Schweizer Bank UBS, ich behalte jene von ABB. Beim Fällen von Entscheiden lauern nun verschiedene Fallen.

Fallstricke beim Entscheiden

Finanzielle Entscheide stehen unter einem grossen Damoklesschwert. Die Zukunft ist an sich unsicher. Denken Sie zurück, wie häufig sich etwas anders entwickelt hat, als sie angenommen haben. Das Entscheidungsfeld – der Finanzmarkt – ist komplex besetzt. Die »Spieler« auf diesem Feld sind vom einzelnen kaum zu beeinflussen. Wirtschaftliche Rahmendaten, wie Wirtschaftsentwicklung, Inflation, Zinsniveau, Entwicklung der Wechselkurse, sind ausschlaggebend. Trotzdem müssen Entscheide gefällt werden.

Übermäßiger Optimismus

Daniel Kahneman, Professor in Princeton, USA, einer der wichtigsten Exponenten der Behavorial Finance, kam in vielen empirischen Studien zu der Erkenntnis, daß wir in Geldangelegenheiten meistens zu Optimismus neigen. Wir rechnen nicht mit den vielen unvorhersehbaren Ereignissen. Oft geht es auch über eine lange Zeit gut, doch irgendwann und von den meisten unerwartet kommt der Crash. Zu diesem Thema gehört auch, daß rein zufällige Ergebnisse als systematisch interpretiert werden. Wenn ein Anlageberater mehrere Male ein paar gute Tips gegeben hat, gehen wir davon aus, daß er eine besondere Fähigkeit hat.

Der Frage-Klassiker, der diese Tendenz zu optimistischer Einschätzung belegt, ist: Wie gut fahren Sie Auto, verglichen mit denjenigen, die Sie auf der Straße antreffen? Das Ergebnis: 80 Prozent der Fahrer meinen, sie lägen über dem Durchschnitt. Es leuchtet ein, daß dies nicht sein kann. Oder ein Beispiel aus der Welt der Anlagen: Wenn ihr Bekannter vor einem halben Jahr die Aktie X gekauft hat, deren Kurs in der Folge sank, würden Sie das als Fehler betrachten oder als Pech? Die meisten sehen dies als Fehler. Nun ist jedoch vielfach bewiesen, daß Kurse kurzfristig zufällig schwanken. Die entsprechende Wahrscheinlichkeit beträgt für ein Jahr 40 Prozent. Es war im Falle Ihres Bekannten vermutlich ganz einfach zufälliges Pech.

Kurzsichtige Entscheidungen Eine weitere Entscheidungsfalle ist, daß wir den Rahmen zu eng stecken. Es wird sozusagen die Breite möglicher Entwicklungen nicht einbezogen. Eine der häufigsten Annahmen ist, daß wir meinen, es gehe so weiter wie bisher. Übertragen auf die persönliche Finanzlage geht man davon aus, daß die heutige Einkommens- und Vermögenslage von Dauer sei. Dies macht im Fall eines knappen finanziellen Budgets zu vorsichtig und im Fall hoher Einkommen zu leichtsinnig. Denn diese werden als dauerhaft angesehen und die Wechselfälle des Daseins nicht berücksichtigt.

Die Untersuchungen des Behavioral Finance über das Verhalten der Anleger stellen fest, daß Aktien, die einen Gewinn gebracht haben, also über dem Einstandskurs liegen, eher verkauft werden als solche, die in der Verlustzone, also unter dem Einstandspreis sind. Würde sich ein Anleger gemäß der Standard-Theorie verhalten, müßte er genau das Gegenteil tun (dies wird im Fachjargon als Arbitrage-Theorie bezeichnet). Das »rationale« Verhalten würde letztlich mehr Rendite bringen als das tatsächliche. Hinter dem beobachteten Verhaltensmuster steckt, daß Menschen sich ärgern, wenn sie einen Verlust tatsächlich realisieren müssen. Dieses Gefühl des Ärgers möchte man vermeiden, man behält also die Aktie, die schon in der Verlustzone steckt und tröstet sich mit der Hoffnung, sie werde sicher wieder einmal im Kurs steigen.

Aus den Erkenntnissen des Behavioral Finance kann man für den Weg zum Reichtum beziehungsweise für den Finanzplanungsprozeß zwei wichtige Erkenntnisse gewinnen.

Zwei wichtige Erkenntnisse für den persönlichen Finanzplan

Erstens:

Es ist nie ausreichend, nur mit einem Szenario oder einer Variante zu rechnen. Es sollten mindestens zwei sein, und man wird feststellen, daß häufig die pessimistische Variante eintrifft, d.h. es kommt ganz anders und viel schlechter, als man denkt. Die optimistische Variante fällt den meisten Menschen in der Regel leichter. Wenn man mehrere Varianten miteinander vergleicht, dann können Entscheide klarer und informierter gefällt werden. Die Qualität der Entscheidung wird verbessert.

Zweitens:

Der Zeiteffekt ist zu beachten, in den meisten Fällen wird nur auf die kurze Frist geschaut. Deshalb wurde auch den Ausführungen über den Zeiteffekt des Sparens so viel Platz eingeräumt, um dessen Wirkung zu verdeutlichen. Der Planungshorizont wird meist zu kurz gewählt. Man sagt sich, daß erst dies und jenes in Ordnung kommen muß. Daß es doch richtig sei, erst mal den Gewinn der Aktie kurzfristig mitzunehmen. Aber den richtigen Zeitpunkt gibt es eigentlich nie, weder für den Verkauf noch den Kauf von Aktien. Erfolgversprechend sind jedoch Konstanz und Beharrlichkeit.

PATENTREZEPTE

Zum Thema, was wichtig ist, um erfolgreich ein Vermögen aufzubauen und zu mehren, werden auch eine Reihe von Rezepten angeboten. Folgende Meinungen hört man am häufigsten:

- Es muß schon ein beträchtliches Vermögen vorhanden sein.
- Man muß ein hohes Einkommen haben, damit überhaupt etwas übrigbleibt.
- Man sollte im Lotto gewinnen.
- Man sollte ein großes Erbe erhalten.
- Man sollte heiße Börsentips kennen.
- Man sollte über das Funktionieren der Finanzmärkte Bescheid wissen.
- Man sollte wie die Venture-Kapitalisten den heißen Tip für Investitionen in Neuunternehmen erhalten.
- Je älter man wird, um so reicher wird man.

Wie die Aufzählung zeigt, sucht man Reichtum in äußeren Faktoren. All diese Erklärungen stimmen ein bißchen, aber treffen nicht wirklich zu. Wie in den Listen der 500 Reichsten zu beobachten ist, verschwinden nach einer gewissen Zeit einige ganz von der Liste. Ein hohes Vermögen im Wert zu erhalten, scheint nicht so einfach zu sein. Es einmal zu haben, ist demnach kein Garant für Reichtum. Aus einer Langfrist-Untersuchung über Lottomillionäre weiß man, daß nur wenige ihr Vermögen dank dem Lottogewinn mehren konnten. Viele hatten nach einigen Jahren weniger als vorher. Wissen über die Finanzmärkte ist ebenfalls kein Garant für Reichtum, denn sonst wären ja alle Banker reich, was sie nicht sind. Und die Spalten der Regenbogenpresse sind gefüllt mit Geschichten von reichen Erben, die ihr Vermögen locker durchbringen.

Die Meinung, daß Alter und Erfahrung zu mehr Reichtum führen, scheint auch nicht stichhaltig. Mitte der achtziger Jahre führte eine große Bank im

Zuge einer Marketingkampagne für die Jugend die EC-Karte – also die Bancomat-Karte – für den Bezug von Bargeld am Automaten für Jugendliche ab 14 Jahren ein. Aus der Marketingoptik war die Aktion ein Erfolg. Viele Junge beanspruchten die Karte. Aber in der Öffentlichkeit provozierte dies heftige Einwände, die betreffende Bank verführe die Jugend zum Schuldenmachen. Inzwischen sind fünfzehn Jahre vergangen, und es zeigte sich, daß keineswegs der Faktor Jugend zum Schuldenmachen verführt, sondern die Jungen recht ähnliche Verhaltensweisen wie die Erwachsenen an den Tag legten. Es gab solche, die nie ihr Konto überzogen, und solche, die bereits am Monatsanfang begannen, ins Minus zu rutschen. Daraus kann der Schluß gezogen werden, daß für einen erfolgreichen Umgang mit Geld Alter kein zentraler Faktor ist. Als Fazit bleibt, daß sich Patentrezepte für die Diskussion am Stammtisch eignen. Allerdings sind sie nicht für den Aufbau eines Vermögens geeignet.

Geben Sie bei den folgenden Aussagen »ja« an, wenn Sie eher zustimmen bzw. diese Aussage auf Sie zutrifft, und »nein«, wenn Sie nicht zustimmen bzw. ablehnen.

Finanzplan für Sie: Ja oder Nein?

Ich weiß nicht, was passiert, die anderen leisten sich ein schönes Haus, jedes Jahr eine Ferienreise, und ich renne ständig meinen finanziellen Verpflichtungen hinterher, trotz der Tatsache, daß mein Einkommen ständig gestiegen ist.

      Ja   Nein ✓

Da im Leben ohnehin alles unsicher ist, ist es überflüssig, seine Finanzen zu planen.

      Ja   Nein ✓

Ich weiß eigentlich nicht genau, wie meine finanzielle Zukunft aussieht. Ich habe die Vorstellung, irgendwie sollte mein Vermögen mehr werden, aber es ist alles eher vage.

Ja   Nein ✓

Mich interessiert nur meine Arbeit, mich mit Geldanlagen zu befassen, langweilt mich eigentlich, deshalb mache ich nichts damit.

Ja   Nein ✓

Es lohnt sich nicht, sich mit den Finanzen zu beschäftigen, ich verstehe die Experten sowieso nicht, die wollen mir nur etwas aufreden, also tue ich lieber nichts.

Ja   Nein ✓

Finanzplanung ist nur etwas für solche, bei denen es sich lohnt. Bei meinem geringen Einkommen muß ich sowieso alles fürs Leben ausgeben.

Ja   Nein ✓

Geld bedeutet mir viel: Ich würde gern einmal reich sein. Mit einer Million DM hätte ich das Gefühl, ich hätte ausgesorgt. Aber irgendwie glaube ich nicht, daß dieses Ziel erreichbar ist.

Ja   Nein ✓

Ich habe nur 50.000 DM auf der Bank und glaube, daß dies zu wenig ist, um damit etwas anzufangen. Es lohnt sich nicht. Aber es tut mir doch irgendwie leid, denn ich habe es mir abgespart.

Ja ✓   Nein

In der Familie gibt es häufig Streit ums Geld, meine Frau/
mein Mann hat andere Prioritäten, was das Sparen und Ausgeben anbetrifft.

Ja   Nein ✓

Über Geld wird bei uns nicht gesprochen, es ist sozusagen alles gemeinsam, die Konten, das Haushaltsgeld reicht, die Kinder bekommen, was sie brauchen, aber ich habe ein ungutes
Gefühl.

Ja   Nein ✓

Mein Mann/meine Frau ist der Experte/die Expertin in Geldsa-
chen und macht dies auch gut. Ich würde auch gern selbst etwas machen, traue mich aber nicht, weil er/sie es ja so viel
besser weiß.

Ja   Nein ✓

Meine Lebensumstände haben sich drastisch verändert, ich
bin geschieden, das hat finanziell eine völlig veränderte Lage
ergeben. Ich weiß nicht genau, wie ich damit umgehen soll.

Ja   Nein ✓

Ich habe einiges auf der Seite, lebe allein. Ich möchte wissen,
was ich für das Alter brauche?

Ja   Nein ✓

Mich ärgert, daß ich den Banken und Versicherungen so aus-
geliefert bin, aber ich habe das Gefühl, das dies nicht zu ändern ist.

Ja ✓   Nein

Auswertung:
Von
»geringem«
bis
»dringendem«
Handlungs-
bedarf

0 bis 5 Ja

Sie kommen offensichtlich ganz gut mit Ihren Finanzen zurecht. Vielleicht finden Sie in diesem Ratgeber einige Informationen, die Ihre Situation noch verbessern können.

6 bis 10 Ja

Sie können mit einem persönlichen Finanzplan Ihre finanzielle Lage verbessern.

über 10 Ja

Sie haben einen dringenden Handlungsbedarf für einen passenden Finanzplan.

Drei
objektive
Gründe für
Finanz-
planung:
längere
Lebens-
erwartung,
größere
Unsicherheit
bezüglich der
Wirtschafts-
entwicklung,
vielfältigere
und
komplexe
Finanz-
produkte

Nebst den ganz persönlichen Motiven, die für einen Finanzplan sprechen, gibt es aus gesamtwirtschaftlicher Sicht Gründe, die es notwendig machen, daß der einzelne seine Kenntnisse über Finanzen verbessert. Heute wanken grundlegende Pfeiler, die bisher das persönliche Einkommen und Vermögen stützten. Arbeitslosigkeit und Arbeitsplatzwechsel mit Einkommenseinbruch sind nicht mehr das Schicksal einer kleinen Minderheit, sondern können jeden treffen. Das soziale Sicherheitsnetz kann nicht mehr mit den derzeit erhobenen Beiträgen finanziert werden. Auch die Vorsorge für Krankheit und Alter wird den heutigen Standard nur über höhere Beiträge garantieren können, wobei die finanziellen Auswirkungen der längeren Lebenserwartung noch nicht berücksichtigt sind.

Das Grundgefühl der Unsicherheit über die finanziellen Aussichten trifft auf eine Finanzwelt, die für die meisten Menschen unverständlich ist. Das Angebot an Finanzprodukten ist heute riesig. In den größeren Tageszeitungen füllen die gängigen Anlageprodukte mehrere Zeitungsseiten. Um einen geeigneten Fonds auszuwählen, sind mehrere Zentimeter dicke Bücher zu konsultieren. Die Produktepalette einer Versicherung benötigt intensives Studium. Die Unübersichtlichkeit für den Konsumenten steigt noch durch die – an sich vernünftige – Politik der Banken, die Gebühren verursachergerecht zu belasten. Für den Kunden produziert dies jedoch einen Gebührendschungel. Der Vergleich der Angebote von Banken und Versicherungen verschlingt viele Stunden. Im Zuge der Rationalisierung werden Dienstleistungsstandards für bestimmte Zielgruppen geschaffen. Woher weiß der Kunde jedoch, welcher Zielgruppe er angehört?

Der komplexen Finanzwelt stehen nun Menschen gegenüber, die zwar gut – oft ausgezeichnet – gebildet sind, in finanziellen Dingen jedoch Analphabeten sind. Dies war lange Zeit auch nicht von Nachteil. In Jahren mit stetigem Einkommensanstieg und einem sicheren sozialen Netz wurde das Problem nicht akut. Heute wird es allerdings zum Thema.

Das Patentrezept sind Sie selbst

Ohne Systematik und einer gewissen Disziplin, sprich Übung, geht es nicht. Der bessere Umgang mit den persönlichen Finanzen kann am Beispiel des Verkehrs illustriert werden. Selbst ein Fußgänger kommt ohne Grundkenntnisse der Verkehrsregeln nicht aus. Übertragen auf die Finanzwelt heißt dies, daß man heute nicht mehr ohne eine minimale Beherrschung des Finanzalphabets überleben kann. Wer mehr möchte, kann wieder zur Analogie mit dem Verkehr greifen. Wer Auto fahren will, muß noch ein paar Regeln mehr kennen, und vor allem muß er Fahrpraxis haben. Dabei wird er auch feststellen, daß ein gewisser Fahrstil Temperamentssache, also etwas sehr Persönliches ist. Beginnen wir also mit dem Erkennen der eigenen Geldpersönlichkeit.

2. NÜTZEN SIE DIE STÄRKEN IHRER GELDPERSÖNLICHKEIT, ÜBERLISTEN SIE IHRE SCHWÄCHEN

IHRE GELDPERSÖNLICHKEIT ENTHÄLT DEN SCHLÜSSEL ZU REICHTUM UND ZUFRIEDENHEIT

Es ist schon in der Familie zu beobachten, wie unterschiedlich die einzelnen Kinder mit ihrem Taschengeld umgehen. Während meiner Banktätigkeit hat mich immer die Beobachtung fasziniert, daß es Kunden mit hohen Vermögen gab, das jedoch trotz guter und auf hohe Vermögen zugeschnittener Beratung, dem sogenannten Private Banking, immer kleiner wurde. Dagegen konnte ich auch beobachten, wie verschiedene Kunden des »Massensegments« ohne besondere Beratung seitens der Bank über die Jahre hohe Vermögen anhäuften. Als ich den Gründen für den unterschiedlichen Erfolg nachging und auch das eigene Verhalten im Umgang mit Geld hinterfragte, führte mich dies zu dem Schluß, daß es nicht zentral an äußeren Faktoren hängt, ob man reich wird, sondern die eigene Person viel mehr daran beteiligt ist, als man zunächst meint. Was finanziell wirklich schadet oder umgekehrt nützt, wird oft nicht direkt erkannt. Das liegt daran, daß es die persönlichen Eigenschaften und Verhaltensweisen sind, die einen erfolgreichen Umgang mit Geld fördern oder verhindern. Damit ist der Kern der Geldpersönlichkeit angesprochen:

Unter Geldpersönlichkeit wird die individuelle Eigenart im Umgang mit Geld verstanden. Der Umgang mit Geld bildet einen Teil unseres Verhaltensrepertoires. Das Verhalten wird wiederum von Wertvorstellungen beeinflußt. Die persönlichen Verhaltensmuster dirigieren unsere Interaktionen bei allem, was mit Geld zusammenhängt. Sie beeinflussen auch den Umgang mit der Finanzwelt. Kurz, wie wir Geld verdienen, ausgeben, sparen und anlegen, ist höchst persönlich gefärbt. Wir haben bestimmte finanzielle Gewohnheiten entwickelt. Auch der Grad der Zufriedenheit, den wir durch unseren Umgang mit Geld erreichen können, ist unterschiedlich. Es gibt keinen objektiven Maßstab für die Zufriedenheit in Gelddingen, sondern nur subjektive Befindlichkeiten. Willst du also etwas an deinen Finanzen verbessern, dann erkenne zunächst deine persönliche Eigenart im Umgang mit Geld, lautet die Schlußfolgerung. Die Kenntnis der eigenen Geldpersönlichkeit ermöglicht, jene Finanzprodukte auszuwählen, die zur eigenen Person und den Umständen passen. Ist eine Anlage auf dem Sparkonto das richtige oder eine Anlage in Aktien oder in Fonds oder Optionen und so fort? Wie fühlt man sich wohl im Umgang mit Bank-, Versicherungs- und sonstigen Finanzfachleuten?

Die Methode zur Entdeckung der Geldpersönlichkeit Die Erkenntnis, daß die Geldpersönlichkeit eine zentrale Rolle spielt, ob der Umgang mit Geld gelingt, reicht jedoch noch nicht. Es geht nicht darum, ein möglichst stimmiges Psychogramm der Geldpersönlichkeit zu finden, sondern man muß die ökonomisch relevanten Aspekte herausarbeiten, die Ansatzpunkte für Veränderung bieten. Diese Hebel sind dann mit den konkreten finanziellen Tatbeständen zu kombinieren. Eine Komponente bezieht sich auf das Verhalten im Umgang mit Geld und auf die Art, wie bei Gelddingen entschieden wird. Dann spielt die soziale Vernetzung, wie Familiensituation und Freundeskreis eine Rolle. Auch das Alter ist schon allein wegen des Zeiteffekts des Sparens wichtig. Ausbildung, Weiterbildung und berufliche Aussichten bestimmen die Finanzen, aber auch subjektive Ansichten wie die persönliche Einschätzung der eigenen Person hinsichtlich der Einkommens- und Vermögenslage. Insgesamt können vier relevante Faktoren für die Geldpersönlichkeit herauskristallisiert werden, die gleichzeitig als Hebel für Veränderungen genutzt werden können. Es sind dies das »Finanzpotential«, das »Investitionsverhalten«, das »Entscheidungsverhalten« und die »Kommunikationsebene«. Wenn jemand seine persönliche Ausprägung dieser vier Faktoren kennt und sich dann in seinem Umgang mit Geld danach richtet, können die Finanzen wesentlich erfolgreicher gestaltet werden.

Finanzpotential
1 Minimal
2 Eingeschränkt
3 Durchschnittlich
4 Überdurchschnittlich
5 Maximal

Entscheidungsverhalten
1 Kontrollorientiert
2 Engagiert
3 Zielorientiert
4 Unsicher
5 Desorientiert

RFP®
Geldpersönlichkeit

Kommunikationsebene
1 Einfach
2 Emotional
3 Umgangssprache
4 Geschäftsmäßig
5 Distanziert

Investitionsverhalten
1 Einkommensmaximierer
2 Ausgabenorientiert
3 Neutral
4 Sparorientiert
5 Vermögensmaximierer

Investor's Dialogue®

Im konkreten Beratungsfall wird die Geldpersönlichkeit mittels eines Fragebogens erhoben. Für jeden der vier Faktoren werden fünf verschiedene Ausprägungen zugeordnet.

DIE VIER FAKTOREN DER GELDPERSÖNLICHKEIT

Jeder Mensch möchte wissen, ob er zu Reichtum kommen kann. Dafür ist wichtig, sein Potential in einer bestimmten Lebensphase zu kennen. Letztlich geht es ja darum, daß man sein Potential ausschöpfen möchte. Und das kann auf vielfache Weise geschehen. Die wichtigsten Hebel sind:

Finanz-potential

- ein größeres Einkommen zu erzielen
- mehr Rendite aus dem Vermögen herauszuholen
- mehr sparen und weniger ausgeben
- die familiären Belastungen verringern
- Erbe vorzeitig erhalten

Im Zusammenhang mit der Geldpersönlichkeit geht es also vor allem um das Potential und nicht nur um das heute tatsächlich vorhandene Einkommen und Vermögen, das dennoch einen wichtigen Ausgangspunkt bildet. Ihr Potential wird wesentlich von zwei Einflüssen bestimmt, nämlich von Ihrer Lebensphase und ihrer Fähigkeit, Einkommen zu erzielen. Außerdem sind jedoch auch soziale Faktoren einzubeziehen.

Das Potential aus Arbeitseinkommen Bildungsinvestitionen, Weiterbildung und berufliche Flexibilität gehören zu den wichtigen Einflußgrößen. Die meisten Menschen leben von ihrer Hände Arbeit. Das Einkommen, das sie im Laufe ihres Lebens erzielen, bildet die wichtigste Quelle der persönlichen Finanzen. Dies wird im Fachjargon als Humankapital bezeichnet. Für den praktischen Gebrauch in der Finanzplanung ist der Begriff Humankapital als der Wert aller künftigen Arbeitseinkommen definiert. Da kommen im Laufe eines Lebens beträchtliche Summen zusammen. (Im Beispiel von Herbert Weiß in Kapitel 4 ist dies weiter ausgeführt.)

Die Humankapital-Theorie versucht, die Ungleichheit von Löhnen bzw. Einkommen zu erklären. Sie geht davon aus, daß die Produktivität eines Menschen, damit ist der erzielbare Lohn gemeint, von seinem Wissen und Können, seiner Fähigkeit und Erfahrung abhängt. Dieses menschliche Kapital kann auf verschiedene Art und Weise erworben werden. Ein wichtiger Faktor ist die Bildung, beispielsweise Lehre, Abitur, Studiengang an einer Universität und Weiterbildung. Sie wird als Investition aufgefaßt. Dabei spielt es keine Rolle, ob die Kosten für die Investition, wie in den USA üblich, eher von den Privaten getragen oder, wie in Europa üblich, zu einem großen Teil vom Staat übernommen werden. Der später erzielbare Lohn aus diesen Bildungsinvestitionen wird als Rendite (oder Zins) für das eingesetzte Humankapital aufgefaßt. Empirische Untersuchungen zeigen, daß zwischen Ausbildung und Lohn ein statistisch gesicherter Zusammenhang besteht. Es lassen sich Lohnunterschiede nachweisen zwischen den jeweils nächsthöheren Bildungsstufen. In Deutschland lohnt sich hinsichtlich des Einkommens besonders der Sprung zum Hochschulabschluß. In der Schweiz ist eine nichtuniversitäre Tertiärausbildung (Lehrabschluß) vergleichsweise am lohnendsten, insbesondere wenn man bedenkt, daß diese weniger lange dauert als eine Universitätsausbildung.

Für die Einschätzung des Finanzpotentials ist also die Beurteilung der Aus- und Weiterbildung sowie der beruflichen Aussichten ein wichtiger Ausgangspunkt.

Ein Familienvater mit drei Kindern in der Ausbildung hat ein stärker eingeschränktes Potential für sein Vermögen als zwei gut verdienende Singles. Eine junge, gut ausgebildete Frau, Anfang Dreißig, mit ersten Berufserfahrungen, hat ein größeres Potential als eine Frau, die kurz vor ihrer Pensionierung steht und deshalb keine weiteren zusätzlichen Einkommensströme aus ihrer Hände Arbeit erwarten kann.

Das Potential wird durch die Lebensphase bestimmt

Im Fall des Familienvaters ist jedoch die Bewertung »eingeschränkt« nicht mit Achselzucken und der Bemerkung »das Ganze wird ja sowieso nichts« abzutun. Die begrenzenden Faktoren sind im Falle von »eingeschränkt« besonders genau anzuschauen und die Entwicklungsmöglichkeiten zu prüfen. Manchmal kann die Verbesserung darin bestehen, durch Kürzung der Ausgaben zu sparen, ohne daß die Lebensqualität darunter leidet. Auch Änderungen im familiären Umfeld bewirken einiges, wenn beispielsweise die Eltern zu einem Vorbezug aufs Erbe schon heute bewegt werden können.

**Investitions-
verhalten** Eine der wichtigsten Eigenarten im Umgang mit Geld wird durch das Investitionsverhalten beschrieben. Damit ist die persönliche Orientierung in bezug auf die Gegenwart und Zukunft gemeint. Diese scheint zu den Grundcharakteristika des Menschen zu gehören und ist auch über die Zeit ziemlich stabil. Es gibt beim Investitionsverhalten zwei extreme Ausprägungen: »Lebe-heute« und »lebe-morgen«. Dies erinnert an die Fabel von La Fontaine von der Grille und der Ameise. Die Grille singt und tanzt den ganzen Sommer über und freut sich ihres Lebens. Die Ameise dagegen trägt fleißig Nahrung für den Winter zusammen und gönnt sich keine vergnügliche Zeit. Im Winter sitzt die Ameise warm und zufrieden bei ihren Vorräten, während die Grille friert und hungert.

**Die Lebe-
heute-
Menschen
haben ein
ausgabe-
freudiges
Verhalten** Der Lebe-heute-Typ neigt zu »ausgabenorientiertem« Verhalten im Umgang mit Geld. Mit dieser Charakterisierung verbindet sich oft auch eine kurzfristige Optik für die Finanzen. Entscheidungen in Finanzfragen, auch Käufe, werden weitgehend spontan vorgenommen. Der »Lebe-heute-Typ« hat mehr Freude am Geld ausgeben, denn am Sparen. Oft wird auch Geld ausgegeben, wenn man frustriert oder unglücklich ist. Dieses Verhalten tröstet. Der Lebe-heute-Typ ist sich durchaus bewußt, daß er eigentlich für die Zukunft vorsorgen müßte, jedoch ist er gefühlsmäßig doch nicht so recht im Innersten überzeugt davon. Die Kehrseite oder Stärke dieser Geldpersönlichkeit ist, daß der Lebe-heute-Typ risikofreudig ist. Er ist bereit, sich auf neue Dinge einzulassen. Er sieht eher die Chancen als die Risiken einer Investition. Aus der Betrachtung der beiden Seiten der Medaille ist leicht zu erkennen, daß ein Lebe-heute-Verhalten durchaus sehr positive Seiten auch für die Finanzen haben kann. Es besteht der Mut zum Risiko, jedoch sollte dann auch an den Grundzusammenhang zwischen Risiko und Ertrag gedacht werden. Die Risikofreudigkeit ist mit dem Finanzpotential in Beziehung zu setzen, so daß auch die Risikofähigkeit stimmt.

Die Lebe-morgen-Menschen legen ein »sparorientiertes« Verhalten an den Tag. Die persönliche Orientierung ist in die Zukunft gerichtet. Es wird vorsichtig mit den Finanzen umgegangen. Der Sicherheit wird mehr Gewicht als der Rendite beigemessen. Im Extremfall kann die Sparorientiertheit bis zum Geiz gehen. Die Lebe-morgen-Menschen vergleichen und kalkulieren Risiken gern. Meist haben sie bereits einen Notgroschen auf der Seite. Die Stärke dieser Geldpersönlichkeit ist, daß sie die Finanzen, insbesondere das Spar- und Ausgabeverhalten, im Griff haben. Sie gehören zu jenen, die eher risikoscheu sind, und damit ist die Kehrseite dieser Geldpersönlichkeit angesprochen. Oft sind ihre Vermögen eher sicher, also mit weniger großem Ertrag angelegt. Damit verzichten sie auf einen möglichen Ertrag, der mit »risikoreicheren« Anlagen erzielt werden kann, insbesondere auch deshalb, weil das Geld meist langfristig zur Verfügung steht und deshalb einer risikoreicheren Anlage eigentlich vom Potential her nichts im Wege stünde.

Die Lebe-morgen-Menschen sind sparorientiert

Das Entscheidungsverhalten gibt auch Auskunft über die Art und Weise, wie man finanzielle Entscheide fällt. Warum ist dies wichtig? Finanzen sind eine komplexe Angelegenheit. Menschen entwickeln unterschiedliche Muster, wie sie mit Komplexität umgehen. Manchen ist wichtig, die Komplexität auseinanderzunehmen. Sie wollen wissen, was in der Blackbox steckt. Anderen wiederum ist nur das Ergebnis wichtig. Wieder andere sind unsicher und wollen eigentlich nichts damit zu tun haben. Finanzen gehören jedoch so sehr zu jedem Leben, daß das Verdrängen nichts bringt und das Verhalten bei finanziellen Dingen steht in direkter Beziehung zur Wahl der Finanzprodukte.

Entscheidungsverhalten

Bei den Finanzen kann man sein Verhalten beim Entscheiden daran erkennen, ob man als erstes auf das Ergebnis zusteuert oder einen das Zustandekommen des Ergebnisses stärker beschäftigt. Wenn als erstes die Frage auf der Zunge liegt: Wieviel Gewinn kommt bei der Anlage in die Aktie A im Vergleich zu B heraus?, dann gehört man eher zu den Zielorientierten.

Die Entscheidung ist auf das Ziel fixiert

39

Oder man überlegt sich, ob man sich jeweils sehr ärgert, wenn etwas nicht so herauskommt, wie man das erwartet hat. Bei einem Ja wird man vermutlich auch eher zu jenen gehören, die schnurstracks das Ziel ansteuern. Menschen, denen das Ziel wichtiger ist als der Weg, sollten stets darauf achten, daß der klaren und eindeutigen Zielformulierung genügend Bedeutung beigemessen wird.

Kontrolle behalten, alles im Griff haben Will man jedoch zunächst ziemlich genau erfahren, warum nun die Aktie A im Vergleich zu B einen höheren Gewinn verspricht und wie diese Aussage begründet wird, dann gehört man eher zu den kontrollorientierten Menschen. Damit ist gemeint, daß man Entscheidungen kontrollieren und klar nachvollziehen, also alles im Griff haben möchte. Einen Hinweis für diese Einschätzung gibt die bejahende Antwort auf die Frage, ob man sich bei Entscheiden nachher über deren Richtigkeit sorgt. Die »kontrollorientierten« Entscheider können sich bei den Finanzen dadurch helfen, wenn sie darauf achten, in die Entscheidungsfindung integriert zu sein. In der Beratung sollte man sich deshalb immer die einzelnen Schritte genau erklären lassen. Vor allem ist darauf Wert zu legen zu verstehen, wie etwas selbst kontrolliert werden kann.

Unsicherheit beim Entscheiden Es kann auch sein, daß man Unsicherheit beim Entscheiden über Finanzen verspürt. Man merkt dies daran, daß einen der Fachjargon der Finanzleute verunsichert, daß man in Geldanlagen ängstlich ist, oder daran, daß man finanzielle Entscheide vor sich herschiebt. Oder man nimmt bisherige, insbesondere negative Erfahrungen einfach als allgemeingültig an. Entscheidet man also nach dem Motto, einmal wurde mit Aktien eine schlechte Erfahrung gemacht, deshalb werden nie wieder Aktien gekauft, sollte man sich zu den unsicheren Entscheidern rechnen. Unsicherheit beim Fällen von Entscheidungen hat meiner Erfahrung nach vor allem mit mangelnder Kenntnis über die Finanzen zu tun. Das Gegenmittel ist einfach, es heißt, sich mehr Wissen aneignen.

40

Wenn man sich in der Welt der Finanzen zurechtfinden will, dann muß man mit den Akteuren reden können. Die Art, über Finanzen zu sprechen, wird durch das persönliche Umfeld entscheidend beeinflußt. Wer mit dem Expertenjargon nicht vertraut ist, sollte sich nicht beeindrucken lassen, sondern in seiner vertrauten Sprache bleiben. Es ist Aufgabe des Finanzdienstleisters sich so auszudrücken, daß der »Laie« ihn versteht, und nicht umgekehrt. Der Kunde muß sich nicht um Fachausdrücke bemühen. Mit Kommunikationsebene ist jedoch nicht die jeweilige Ausdrucksweise gemeint, sondern vor allem, wie Gesprächspartner miteinander umgehen. Es geht dabei um die Art des Dialogs. Zwei extreme Dialogmuster lassen sich feststellen: zum einen solche, bei denen es überwiegend um den gefühlsmäßigen Bezug zwischen den Gesprächspartnern geht, zum andern solche, die vorwiegend auf die rationale Argumentation abstellen.

Kommunikationsebene

Für Menschen mit emotionalem Dialogmuster muß die persönliche Chemie stimmen. Dies ist auch der wichtigste Hinweis, um herauszufinden, ob man eher emotional veranlagt ist. Das Vertrauen zum Finanzberater ist dann zentral. Das bedeutet auch, daß Finanzentscheide gefühlsmäßig einleuchten müssen. Nur wenn diese Basis vorhanden ist, werden die Argumente auch akzeptiert.

Die Chemie muß stimmen

Wenn man weiß, daß man eher zu den emotionalen Kunden gehört, dann ist es wichtig, Zeit auf die Auswahl des Beraters zu verwenden. Aus Untersuchungen über Wirtschaftskriminalität ist bekannt, daß Wirtschaftskriminelle ein besonderes Gespür haben, emotionale Dialogmuster ihrer Opfer auszunutzen. Jene mit emotionaler Neigung tun gut daran, nicht gleich ja zu sagen, sondern den Entscheid zu überschlafen.

Es gibt Menschen, die sind überwiegend daran interessiert, ob die Argumente ihrer Ansicht nach stimmen. Im Gespräch wirken sie häufig sehr geschäftsmäßig und distanziert. Dabei geht die Begeisterung für eine Sache verloren. Es kommen auch häufig sehr vorsichtige Entscheide heraus. In der Welt der Finanzen ist vieles unsicher und hat mehr mit »wetten auf«

Kompetenz und logisch schlüssige Argumente sind am wichtigsten

41

und »glauben an« bestimmte Unternehmen zu tun als mit rationalem Kalkül. So wird von den allzu vernünftigen Menschen manch erfolgversprechendes Projekt unterlassen. Allerdings wird auch mancher Flop vermieden. Auch diese Verhaltensweise hat ihre Stärken und Schwächen.

Balance ist gefragt Die Erfahrungen aus der Beratungspraxis zeigen auch, daß in weit mehr als der Hälfte der Fälle beide Dialogmuster gleich beherrscht werden, so daß eine Balance zwischen rationalen Argumenten und emotionaler Ebene vorhanden ist.

Entdecken Sie Ihre Geldpersönlichkeit

Die allgemeinen Hinweise über die Geldpersönlichkeit haben Ihnen vermutlich schon eine Richtung gegeben, wie Sie sich selbst einschätzen können. Versuchen Sie, Ihre Geldpersönlichkeit zu entdecken. Ihre persönliche Einschätzung hilft Ihnen weiter. Aus Kursen und Beratung weiß ich, daß das Eigenbild der Geldpersönlichkeit und das Bild, das sich aufgrund des von meiner Firma entwickelten Tests ergibt, selten weit auseinander liegen. Es sind nicht die einzelnen Faktoren an sich, die das Gesamtbild der Geldpersönlichkeit ausmachen, sondern es sind die Merkmalkombinationen. Aus den bisher erhobenen Daten ist nicht festzustellen, daß ein Merkmal eng mit einem anderen korreliert, also beispielsweise ein eingeschränktes Finanzpotential mit einem unsicheren Entscheidungsverhalten oder mit einem ausgabeorientierten Investitionsverhalten. Menschen sind eben höchst individuell. Es ergibt sich jeweils eine individuelle Kombination von Faktoren. Jeder hinterläßt sozusagen seinen höchstpersönlichen Fingerabdruck. (Theoretisch ergeben sich aus meinem Geldpersönlichkeitstest 625 Kombinationsmöglichkeiten, also individuelle Geldpersönlichkeiten.) Nur zwanzig Prozent der Menschen sind sich in ihrer Geldpersönlichkeit ähnlich, die Mehrheit weist einzigartige Kombinationen der Faktoren auf. Selbst gleiche Kombinationen von Faktoren führen bei verschiedenen

Menschen zu unterschiedlichen Folgerungen, denn ihre Lebensphase kann unterschiedlich sein, ebenso ihr soziales und persönliches Umfeld. Interessant ist, daß keine ausgeprägten Unterschiede zwischen Männern und Frauen in der Geldpersönlichkeit festzustellen sind.

Wichtig ist also, sich über seine Eigenarten im Umgang mit Geld Rechenschaft zu geben. Nimmt man sich einmal Zeit, über sein Verhalten im Umgang mit Geld nachzudenken, und ist ehrlich mit sich, dann gelingt meist eine Selbsteinschätzung recht gut.

Übung 1: Bestimmen Sie Ihre Geldpersönlichkeit

Kreuzen Sie an, was auf Sie zutrifft, und notieren Sie, warum Sie sich so entschieden haben.

Finanzpotential	Persönliche Bewertung	Persönliche Überlegungen
Eingeschränkt Durchschnittlich Überdurchschnittlich		

Hinweise für Ihre Einschätzung:
Das Finanzpotential hängt ab von Ihrer Ausbildung, beruflichen Erfahrung, Stellung am Arbeitsmarkt, von Ihrer Familiensituation, Ihrer Lebensphase, Ihrem Lebensstil und von Ihrem heutigen Ausgangsvermögen und dem aktuellen Einkommen.

Investitionsverhalten	Persönliche Bewertung	Persönliche Überlegungen
Ausgabenorientiert Neutral Sparorientiert		

Hinweise für Ihre Einschätzung:

Beobachten Sie Ihr Ausgabeverhalten, häufige Spontankäufe, geringe Übersicht über den Stand Ihrer Finanzen, wenig Beschäftigung mit der finanziellen Zukunft deuten auf ausgabenorientiertes Verhalten. Vergleichen, Kalkulieren und Freude am wachsenden Sparguthaben, Beschäftigung mit Vorsorge deuten auf sparorientiertes Verhalten. Neutral meint, daß grundsätzlich die Balance zwischen dem Lebe-heute und Lebe-morgen gelungen ist.

Investitionsverhalten	Persönliche Bewertung	Persönliche Überlegungen
Ausgabenorientiert Neutral Sparorientiert		

Hinweise für Ihre Einschätzung:

Schritt für Schritt vorgehen beim Prüfen eines Angebots, alles im Griff haben wollen, deutet auf Kontrollorientiertheit. Das Ziel im Auge haben, sozusagen die Zahl unter dem Strich kennen, ist für Zielorientierte am wichtigsten und weniger der Weg, wie man zum Ziel kommt. Die Bewertung »unsicher« kommt zum Tragen, wenn Entscheide hinausgeschoben, halbherzig gefällt und mit Sorgen im Nachhinein über die Richtigkeit der Entscheide verbunden sind.

Kommunikationsebene	Persönliche Bewertung	Persönliche Überlegungen
Emotional Umgangssprache Geschäftsmäßig		

Hinweise für Ihre Einschätzung:

Wenn Sie einem Finanzberater gegenübersitzen und für Sie seine Ausstrahlung zählt und die Chemie stimmen muß, dann ist eher die Ausprägung emotional vorhanden. Achten Sie hauptsächlich auf seine Argu-

mente, dann dürfte das Geschäftsmäßige überwiegen. Umgangssprache meint, daß die emotionale Ebene und logisch schlüssige Argumente gleich gewichtet werden.

3. FÜR JEDE GELDPERSÖNLICHKEIT DER PASSENDE FINANZPLAN

Wir haben im vorangegangenen Kapitel gesehen, wie komplex die verschiedenen Geldpersönlichkeiten sind. Die dreißigjährigen Singles, wie Catherine Meier und Herbert Weiß, das Ehepaar Anna und Michael Schmid mit drei Kindern, der Mittfünfziger Albert Müller und die ältere Dame Dora Jensen repräsentieren häufig anzutreffende Lebenssituationen mit den entsprechenden Fragen an den Finanzplaner. Die Beispiele sind vereinfacht dargestellt. Meist ist das Leben viel bunter. Die Typisierung trägt jedoch dazu bei, daß die Fälle auch für Ihre Situation eine Planungshilfe sein können. Vielleicht trifft eine der beschriebenen Situationen auf Sie zu.

Fünf Geldpersönlichkeitstypen in verschiedenen Lebenssituationen

LEBE-HEUTE-TYP: PERSÖNLICHES FINANZKONZEPT FÜR DIE BALANCE ZWISCHEN HEUTE UND MORGEN

Catherine Meier; Finanzpotential: durchschnittlich; Investitionsverhalten: ausgabenorientiert; Entscheidungsverhalten: zielorientiert; Kommunikationsebene: Umgangssprache. Sie ist 32 Jahre alt und hat bei einem großen Wochenmagazin als Redakteurin eine gute Position im Feuilleton inne. Im Rahmen einer Porträtserie über Frauen in »Männerberufen« interviewte Catherine Meier auch Finanzfachfrauen. Dies gab den Anstoß, eine bessere Übersicht über ihre finanziellen Verhältnisse zu gewinnen. Denn sonst interessieren sie Finanzen nicht besonders. Geld spielte in ihrem Leben bislang keine große Rolle, es war nie im Überfluß da, aber für den Lebensstil, den sie als Kind von Eltern der Achtundsechziger-Generation gewöhnt war, reichte es. Sie war bisher auch nicht von großen Zukunftsängsten geplagt. Wie die meisten ihrer Generation mußte sie sich anstrengen, um ihre erste Stelle zu bekommen. Doch letztlich ist es ihr gelungen.

Mit den persönlichen Finanzen hält sie es wie die meisten Gleichaltrigen, sie sind kein Thema. Catherine Meier meint, daß Finanzen unzugänglich, langweilig und kompliziert seien und sich die Beschäftigung mit Geld nur lohne, wenn man viel davon habe. Der Beruf ist ihr am wichtigsten, weil damit das Einkommen gegeben ist. Dieses wird ausgegeben für die Dinge, die sein müssen, wie Steuern und Versicherung und sonst fürs Leben. Trotzdem spielt Geld für die Generation der Dreißiger eine grosse Rolle. Statussymbole, die nur mit Geld zu haben sind, sind wichtig. Spaß haben, Erlebnisse und Reisen, wozu Geld ebenso notwendig ist, bedeuten viel. Selten war eine Generation insgesamt so gut ausgebildet. Das Verstehen des Finanzbereichs dürfte also nicht so schwer fallen. Es ist auch die »Web«-Generation. Der Klick mit der Maus und das Surfen im Web gehören zum Lebensstil. Der Zugang zu Informationen über Finanzen wäre also einfach möglich.

Und doch bleiben persönliche finanzielle Ziele und Motive vage. Catherine vermied bisher alles, was nach Beschäftigung mit Finanzen aussah. Sie lebt, was ihre Finanzen angeht, rund herum im Heute. Planen und damit auch die Beschäftigung mit einem längerfristigen Zeithorizont liegen ihr fern. Die Steuererklärung wird vollständig vom Steuerberater gemacht. Bankauszüge kommen in eine Schublade, Prospekte von Banken und Versicherungen über Anlagevorschläge werden direkt in die Altpapiersammlung entsorgt. Sie hat den Eindruck, daß ihre Ausgaben und das Einkommen ungefähr ausgeglichen sind. Das Privatkonto rutscht sehr selten in einen Minussaldo, höchstens nach den Ferien, wenn sie einen schönen Gegenstand für ihre Wohnung mitbringt. Aber zu ihrer finanziellen Beruhigung ist da immer noch das Sparkonto. Aus dem großmütterlichen Erbe sind dort 200.000 DM gehortet. Sie hat bislang nur einmal Geld für einen Designer Schaukelstuhl herausgenommen. Trotz ihrer finanziell eher komfortablen Lage, meint sie, sich ein paar Wünsche nicht leisten zu können.

Nach ersten Berufserfahrungen bei zwei Zeitungsredaktionen hat Catherine gerade einen Karrieresprung geschafft. Der berufliche Erfolg macht ihr Spaß. Sie ist derzeit ohne feste Partnerbeziehung, hat jedoch das Gefühl, daß sich in den nächsten fünf bis sieben Jahren vielleicht der Partner zeigt, mit dem es schön wäre, ein Kind zu haben. Kurz, viele Entwicklungen sind möglich, weshalb sie sich finanziell nicht festlegen will. Heutige Entscheide sollen sie finanziell nicht binden. Deshalb ist auch das Erbe der Großmutter seit mehreren Jahren auf dem Sparkonto liegengeblieben.

Catherine Meier sieht ihrer persönlichen Finanzplanung skeptisch entgegen. Die Motivation, sich auf den Planungsprozeß einzulassen, kommt eher aus ihrer beruflichen Neugier, gepaart mit der Haltung ihrer Generation: warum eigentlich nicht? Neue Erfahrungen sind in.

Catherines Finanzpotential ist durchschnittlich, damit wird das Bild bestätigt, das sie von sich selbst hat. Zu ihrem Humankapital kann sich Catherine beglückwünschen. Sie hat in ihre Ausbildung investiert. Mit einem Fachhochschulabschluß in Deutsch und Geschichte erreicht sie die höchstmögliche Bildungsrendite. Sie hat die ersten Berufsjahre für vielfältige Erfahrungen im Beruf genutzt und hat den ersten Karrieresprung erfolgreich geschafft. In ihrem Beruf ist das Angebot an möglichen Arbeitgebern groß, persönlich ist sie unabhängig und flexibel, um auch an anderen Orten zu arbeiten. Sie kann zumindest für die nächsten Jahre von gleichbleibendem bis steigendem Einkommen ausgehen. Ein Einkommenseinbruch scheint unwahrscheinlich. Vermutlich fände sie auch innerhalb kurzer Zeit wieder eine entsprechende Stelle. Dies bedeutet, daß sie für Notfälle nicht allzuviel Geld auf die Seite legen muß. Die Ausprägung »durchschnittlich« zeigt auch, daß Entwicklungsmöglichkeiten besonders zu prüfen sind. Dies ist bereits ein erster Hinweis, bei den Finanzen nicht auf die Gunst des Glücks zu hoffen, sondern tatkräftig die Potentiale zu pflegen. Oder anders ausgedrückt, die Finanzen zu planen.

Das Entscheidungsverhalten ist zielorientiert. Damit dieser Zug zum Tragen kommt, benötigt Catherine konkret formulierte Ziele. Aus der Kommunikationsebene ergeben sich keine besonderen Hinweise im Hinblick auf den Umgang mit den Finanzen. Das Investitionsverhalten ist »ausgabeorientiert«. Mit dieser Lebe-heute-Mentalität muß sie intelligent umgehen, damit ihr Finanzpotential auch zum Blühen kommt. Behält sie diese Mentalität bei, wird immer wieder ein spontaner Kaufimpuls bewirken, daß wichtige Wünsche hinten anstehen müssen.

Catherine hat während drei Monaten ihre Ausgaben notiert. Die Übersicht zeigt, daß, gemessen an den Gesamtausgaben, der Aufwand für den Lebensstandard »Rund ums Wohnen« etwa 40 Prozent beträgt. Grundsätzlich stimmt dies mit ihren Werten überein, denn Wohnen bedeutet ihr viel. Sie ist gern zu Hause. Nachdenklich beginnt sie sich zu hinterfragen, ob ihre heutige Wohnsituation tatsächlich diesen Betrag wert ist. Eigentlich erfüllt ihre jetzige Wohnung ihre ästhetischen Ansprüche nicht ganz. Diese latente Unzufriedenheit scheint ihr auch die Erklärung dafür, daß sie vergleichsweise viel Geld für das eher oberflächliche Zudecken von Mängeln ausgibt. Zu den wöchentlichen Verschönerungen gehören große Blumensträuße und unzählige Vasen. Damit gibt sie weitere 9 % ihres Einkommens für die Wohnatmosphäre aus.

Das Budget für Essen empfindet sie als angemessen, sie kocht gern und lädt Freunde ein. Mit ihren Ausgaben für Kleider, Kosmetik und Pflege ist sie mit sich im reinen. Sie kauft nach Gefallen, mal ist es ein Designerstück, mal Flohmarkt, mal Warenhaus. Wünsche nach mehr oder teureren Kleidern hat sie eigentlich nicht. Sie findet, daß diese Ausgaben für sie stimmen.

Die Ausgaben für Versicherungen liegen für ihre Ansprüche im Mittelfeld. Es ist ihr die Zeit nicht wert, nach den günstigsten Angeboten zu fahnden. Das Auto hat für sie keine besondere Bedeutung, es muß praktisch und klein und überall leicht zu parken sein.

Mit den Ausgaben für persönliches Wohlbefinden ist sie nicht ganz zufrieden. Es sind noch Wünsche offen, insbesondere kommen große Reisen zu kurz. Aber sie hat doch Hemmungen, von ihrem Sparguthaben größere Beträge wegzunehmen, und große Reisen sind im Budget nicht drin.

Catherine wird dank dem Aufschreiben ihrer Ausgaben bewußt, daß ihr Lebensstandard nicht ganz mit ihren persönlichen Werten übereinstimmt. Sie gibt monatlich für die Verschönerung ihres Wohnumfeldes 580 DM aus, ohne daß dies eine grundsätzliche Verbesserung ergibt. Somit kostet das Wohnen nicht nur 1.500 DM, sondern wesentlich mehr. Phantasievoll wie sie ist, macht sie sich daran, die Blumensträuße teilweise durch Topfpflanzen zu ersetzen. Sie wird zu einer Expertin in Kakteen mit wundervollen Blüten. Sie hat auch ein neues Hobby entdeckt, Wochenendspaziergänge

Ausgaben von Catherine Meier IST

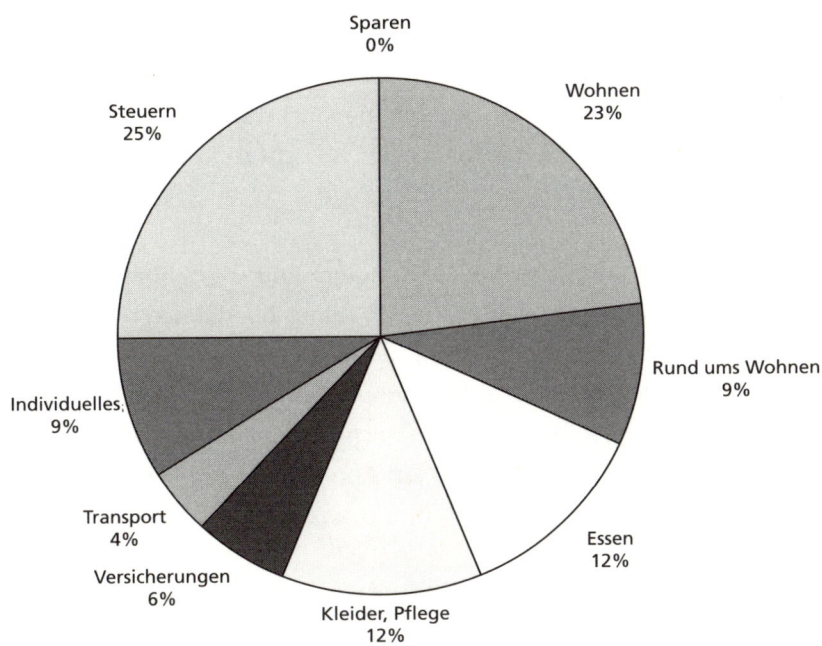

zum Sammeln von kreativ zusammengestellten Wiesensträußen. Gemäß den Faustregeln für die Lebe-heute-Typen (vgl. Seite 117) setzt sie sich Grenzen für ihr Budget. Sie gesteht sich ein Blumenbudget von 150 DM zu. Für Kleinanschaffungen beträgt ihr neues Budget 100 DM. Anfang des Monats gibt sie diese Beträge in zwei Briefumschläge und tätigt daraus die Ausgaben. Auf ein neu errichtetes Wunschsparkonto kommen monatlich 250 DM, daraus soll dann der nächste Städteflug bezahlt werden. Auch bei den Einladungen hat sie sich etwas Neues ausgedacht: anstelle alles selbst einzukaufen und selbst zu kochen, gibt es einmal im Monat mit den engeren Freunden einen Kochanlaß mit mitgebrachten Zutaten. Dazu gibt sie ein Thema vor, mal ein Frühlingsessen, mal Wild, mal italienisch. Früher brachten ihr die Freunde immer Blumen mit, weil jeder wußte, daß sie die gern mag. Allerdings bekam sie dann häufig zu viele Blumen auf einmal. Wenn Sie jetzt zu ihren gemeinsamen Kochanlässen einlädt, dann wandern 50 DM in ein Sparschwein aus Glas. Fast geniert sie sich zuzugeben, daß es ihr Spaß macht, zu sehen wie sich das Sparschwein füllt.

Trotz der Umschichtungen in Catherines Budget findet sie, daß ihre Lebensqualität gleich geblieben sei, sich in manchem sogar verbessert habe. Zusätzlich kann sie ohne irgendwelchen Verzicht rund zwei Prozent ihres Einkommens sparen.

Catherine Meier tätigt alle ihre Zahlungsein- und -ausgänge über ein einziges Konto. Das Gehalt wird auf dieses Konto überwiesen und sämtliche Ausgaben laufen darüber. Catherine verliert ab und an die Übersicht über die Höhe des Kontostandes. Insbesondere wenn eine größere Ausgabe anfällt, sorgt sie sich, ob das Geld auch reicht. Größere Ausgaben bezahlt sie über die Kreditkarte. So hat sie bis zur Abrechnung Zeit, das Konto auszugleichen.

Es leuchtet Catherine ein, daß mit nur einem Konto für alle Zwecke die Übersicht erschwert ist. Sie eröffnet ein Sparkonto, das als Topf für kleine

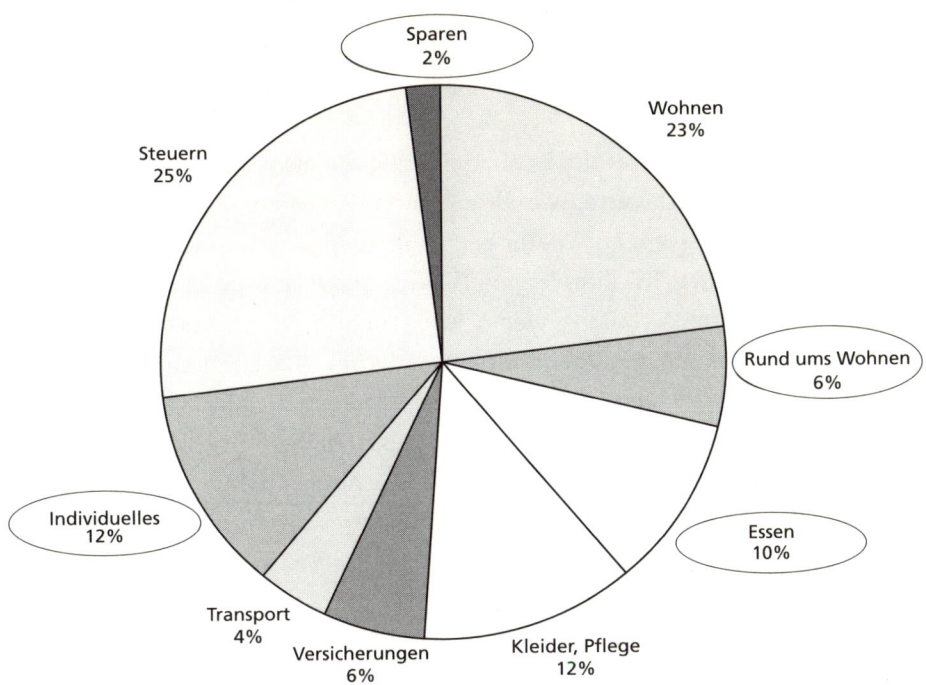

Ausgaben von Catherine Meier SOLL

Sparen 2%

Wohnen 23%

Steuern 25%

Rund ums Wohnen 6%

Individuelles 12%

Essen 10%

Transport 4%

Versicherungen 6%

Kleider, Pflege 12%

Wünsche deklariert wird. Und da fließen die oben erwähnten Beträge aus den Umschichtungen in der Ausgabenstruktur mittels Dauerauftrag ein. Die Kreditkarte hat sie im ersten halben Jahr nicht mehr in ihrem Portemonnaie getragen, sondern zum Reisepaß gelegt. Sie wird nur noch bei Reisen mitgenommen. Damit hat sie sich auch abgewöhnt mit der Kreditkarte Bargeld abzuheben, denn dies kostet unnötig Gebühren. Mit der EC-Karte kann im Inland an den Bancomaten gebührenfrei Bargeld bezogen werden.

Catherines Vermögensanlagen beschränken sich auf das bisherige Sparkonto mit einem Guthaben von 200.000 DM. Das Vermögen liegt dort seit drei Jahren. Die Verzinsung deckt gerade mal die Inflationsrate, das Vermögen wird also real knapp in seinem Wert erhalten, aber es vermehrt sich

53

nicht. Außerdem erhöhen die Zinserträge das zu versteuernde Einkommen. Die Steuerbelastung mindert den Zinsertrag. Eine genaue Rechnung ergibt, daß sich per Saldo das Vermögen sogar um 500 DM jährlich real verringert.

Das Vermögen ist zwar sicher, aber einseitig angelegt. Catherine nutzt die Kategorie der Sachwerte, wie Aktien und Immobilien, nicht. Diese haben zwar höhere Risiken, aber dafür auch höhere Chancen, sprich Erträge. Insbesondere angesichts ihres langen Lebens- und Planungshorizontes macht diese einseitige Verteilung wenig Sinn. An sich deutet auch ihr Investitionsverhalten auf genügend Risikofreude hin. Aus der Ist-Analyse wird Catherine sofort klar, daß ihr Vermögen anders strukturiert werden sollte. Angesichts ihrer guten beruflichen Voraussetzungen fühlt sie sich frei in der Gestaltung ihres Anlagevermögens. Die Altersregel für die Aufteilung nach Obligationen und Aktien scheint ihr angesichts ihrer guten Risikofähigkeit und einem Planungshorizont von 10 Jahren zweckmäßig. Für den Aktienteil sieht sie gut diversifizierte Aktienfonds vor.

Die Beschäftigung mit ihrem Vermögen hat Catherine dazu geführt, daß sie sich zum ersten Mal konkret darum kümmert, was auf ihrem Lohnausweis für Alter, Krankheit, Steuern, Arbeitslosigkeit und so fort abgezogen wird. Die Höhe des »Zwangssparens« hat sie nachdenklich gemacht, denn sie arbeitet drei Monate pro Jahr dafür. Es entsteht bei ihr der Wunsch, mehr Eigeninitiative zu entwickeln und weniger staatlich zwangsversorgt zu werden. Noch weiß sie nicht so genau wie.

Sie beginnt auch, sich aktiv mit ihrem Studentinnen-Traum, ein Buch zu schreiben, auseinanderzusetzen. In ein Schulheft notiert sie Begebenheiten, Beobachtungen und Ideen.

Auch beginnt sie, die Unterlagen für den Steuerberater besser zu ordnen. Dabei stellt sie fest, daß es eigentlich gar nicht so mühsam ist, wenn man erst einmal den Einstieg geschafft hat. Zum einen gibt ihr dies auch das Ge-

Vermögen von Catherine Meier IST

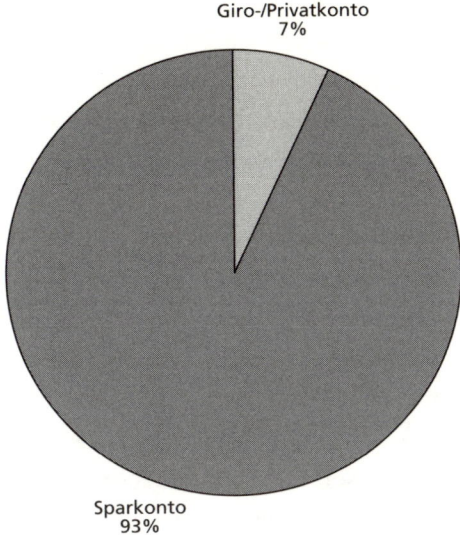

Vermögen von Catherine Meier SOLL

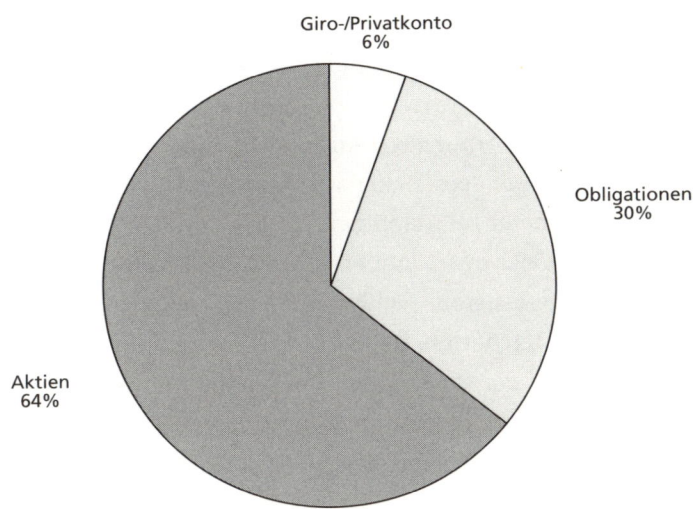

fühl der besseren Übersicht, und zum anderen wird das Honorar des Steuerberaters kleiner, wenn sie die Unterlagen schon systematisch geordnet abgibt. Einem Versicherungsbroker übergibt sie ihre gesamten Versicherungen (Krankheit, Auto, Haftpflicht, Hausrat) zur Überprüfung. Dieser stellt prompt ein paar Doppelspurigkeiten fest. Zwar bringt ihr diese Übung keine großen Ersparnisse, aber jährlich sind es insgesamt doch 150 DM, und auch dies zählt bei einem Zeithorizont von zehn Jahren.

Bei der Beschäftigung mit den Wendepunkten wird ihr klar, daß sie das Thema Familie in ihre Planung einbeziehen möchte. Es wird ihr auch bewußt, daß sie nicht auf eine berufliche Tätigkeit, die sie interessiert und die ihr Spaß macht, verzichten möchte. Sie hört sich bei Kolleginnen um, die teilzeitlich arbeiten oder die freischaffende Journalistinnen sind. Ihre Recherche ergibt, daß bei einer gleichgewichtigen Wertung von Mutterrolle und Beruf, eine Tätigkeit drin liegt, die rund 40 % ihres heutigen Umfangs ausmacht. Statt eines Einkommens von 80.000 DM könnte sie 48.000 DM erzielen. Dies hält sie für eine realistische Annahme. Für eine volle Berufstätigkeit braucht es günstige Rahmenbedingungen, wie gute Hilfen in Haushalt und Kinderhort und ein »mutterfreundliches« Arbeitsumfeld, das im Notfall auch eine kurzfristige Abwesenheit vom Arbeitsplatz erlaubt. Dies scheint ihr nur mit Glück möglich. In der Finanzplanung sollte man aber eher mit »realistischen« Werten rechnen. Bei der Beschäftigung mit der für sie wichtigen Frage der Familiengründung wird ihr auch klar, daß es klug wäre, in ihrem Berufsfeld nach einer Spezialisierung zu suchen, die sie dann auch in einer selbständigen Tätigkeit weiterführen könnte. Eine erste Idee ist, das Hobby sozusagen professionell zu machen. Sie beginnt, sich dafür zu interessieren, welchen Stellenwert Gärten und Blumen zu verschiedenen Zeiten hatten. Dabei kann sie an ihr Studium der Geschichte anknüpfen. Weiter denkt sie daran, ihre Reisen mit dem Thema Blumenschmuck zu verbinden. Sie plant eine Geschichtenserie über die Rolle von Blumen auf Friedhöfen in verschiedenen Kulturen.

Catherine beginnt, ihre Wünsche und Ziele konkret zu formulieren:

Wunsch	Betrag	Wann	Bemerkung
Lebensstandard halten	59.710 DM		geplante Umschichtungen sind vorgenommen oder werden realisiert
Große Reise	10.000 DM	in 2 Jahren	wird aus dem Vermögen finanziert
Wohnsituation dauerhaft verbessern	gleiche Mietkosten 18.000 DM	sofort	keine höhere Gesamt-belastung als heutige Miete, nach neuer Mietwohnung suchen oder nach Eigentumswohnung
Vorbereitung auf Mutterschaft	Ziel 6.000 DM jährlich	sofort	Nach zusätzlichen Sparmöglichkeiten suchen

Catherine Meier hat noch eine durchschnittliche Lebenserwartung von 58 Jahren, eine sehr lange Zeitspanne. Es ist gut, daß sich Catherine mit ihrer Lebe-heute-Orientierung kurz: dieses langen Horizonts bewußt wird. Dies gibt der Gegenwart Perspektive. Für Catherine sind zehn Jahre ein vernünftiger Planungshorizont, der viele mögliche Ereignisse einschließt: Konzentration auf berufliche Karriere, Fokus auf Familie oder eine Balance mit Kind und Karriere.

Mit den Informationen aus der Ist-Analyse der Planungsdaten kann Catherine Meier nun eine Vorstellung über ihre Finanzen in den nächsten zehn Jahren mit Hilfe einer einfachen Tabellenkalkulation aufstellen. Die Kollegin aus der Buchhaltung hilft ihr beim Einrichten einer entsprechenden Übersicht am Computer.

Ausgangspunkt ist die Variante, die annimmt, daß Planungsgrößen, wie Einkommen und Lebensstandard insgesamt konstant bleiben, Wünsche werden dabei berücksichtigt. Das Anlagevermögen wird gemäß der Altersregel mit realen Renditen angelegt.

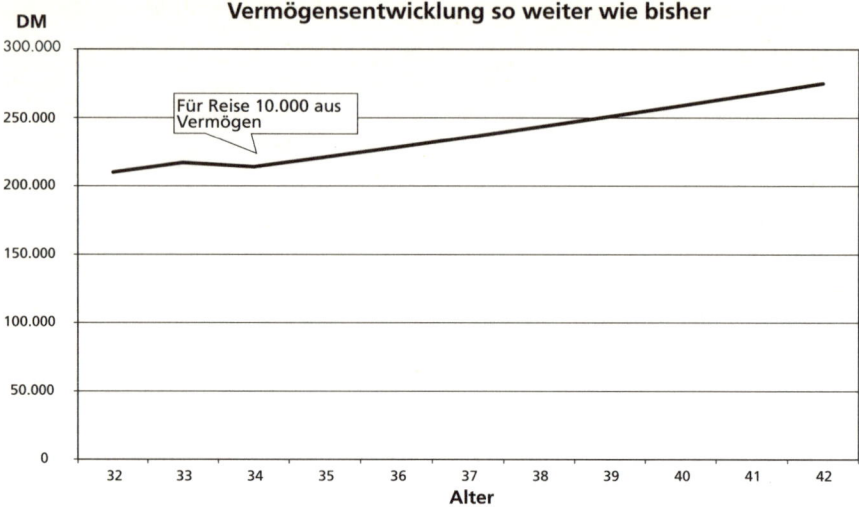

Die Variante »so weiter wie bisher« ist noch ohne grundlegende Veränderungen gerechnet. Die große Reise von 10.000 DM ist berücksichtigt. Das Vermögen wird gemäß der in der Soll-Variante festgelegten Struktur angelegt. Sie investiert 64 % in Aktienfonds, welche die Indizes der verschiedenen Märkte abbilden: jeweils zu einem Drittel in Deutschland (DAX), USA (Standard & Poors 500) und in Europa (STOXX). Insgesamt läßt der Zinseszinseffekt und ein kleiner monatlicher Zufluß in zehn Jahren das Vermögen auf 275.000 DM anwachsen.

Die zweite Variante, die Catherine für sich berechnen will, hängt mit ihrer heutigen Wohnsituation zusammen. Catherine will sich auf dem Markt für Eigentumswohnungen umsehen. Dabei geht sie davon aus, daß die Kreditzinsen in etwa ihrer heutigen Miete entsprechen sollten. Bei einem durchschnittlichen Hypothekarzinssatz von sechs Prozent würde ihr dies eine hypothekarische Belastung von 300.000 DM erlauben. Aus ihrem Sparvermögen will sie 150.000 DM als Eigenkapital für die Wohnung einsetzen. Dies ist um etwa 10.000 DM mehr, als die Aktienquote vorsehen würde. Bei ihrer Vermögensaufteilung ersetzt Sie also den Sachwert Aktie durch den

Sachwert Immobilie. Für Immobilien ist es schwierig, Aussagen zur Wertentwicklung zu machen. Im Normalfall ist anzunehmen, daß Catherine bei einem Verkauf ihrer Wohnung einen höheren Preis erzielen könnte, was einer realen Rendite von zwei Prozent auf ihr Eigenkapital entsprechen könnte. Diese Rendite liegt zwischen jenen für Aktien und Obligationen (vgl. Seite 128).

Catherine meint, daß sie für insgesamt 450.000 DM eine Zwei- bis Drei-Zimmerwohnung, die ihren Ansprüchen genügt, finden könnte. Die Wohnung sollte für sie allein großzügig genug sein, zu zweit gerade noch möglich und, wenn notwendig, auch für ein ein- bis zweijähriges Kleinkind ausreichen.

Wichtig ist für Catherine, daß sie durch eine Eigentumswohnung nicht gebunden ist. Sie muß auf eine einfache Wiederverkäuflichkeit oder gute Vermietbarkeit achten. In Gesprächen mit Immobilienmaklern erfährt sie, daß eines der wichtigsten Kriterien für eine Liegenschaft die Lage sei. Die Lage ist nicht veränderbar, dagegen kann man Innenräume umgestalten. Bei ihrer Suche wird sie deshalb auf die Attraktivität der Lage besonders achten. Die verbleibenden 50.000 DM ihres Vermögens wird sie dagegen nicht mehr entsprechend der Altersregel, sondern zu 60 Prozent in Obligationen und zu 40 Prozent in Aktien anlegen. Damit fühlt sie sich freier, wenn sie für die Renovation der Wohnung rasch Geld benötigt.

Catherine will jetzt noch eine dritte Variante rechnen, die ein zusätzliches Sparen beinhaltet. Da sie mit der Umschichtung ihrer Ausgaben schon gute Erfahrungen gemacht hat, denkt sie, daß es doch eigentlich möglich sein sollte, zusätzlich ungefähr 6.000 DM jährlich zu sparen. Sie wählt ein Fondsparkonto mit Aktien. Die Rechnung zeigt, daß ihr dies in zehn Jahren ein Vermögen in Wertschriften von 144.500 DM bringt.

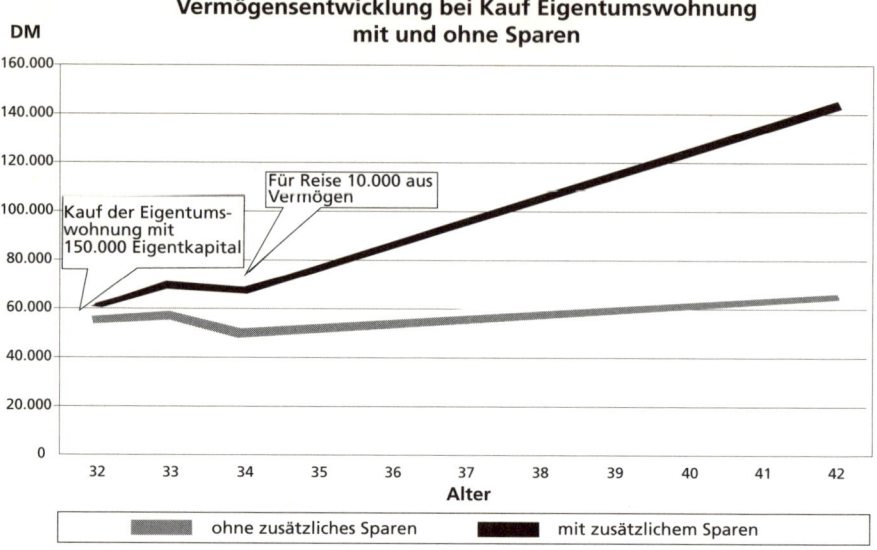

Schon die Erfassung des Ist-Zustandes hat die anfängliche Skepsis von Catherine widerlegt, daß Finanzplanung nur eine trockene Zahlenübung sei. Bei gleichbleibendem Einkommen haben sich neue Möglichkeiten gezeigt, die insgesamt ihre Lebensqualität verbessern. Die Varianten helfen Catherine bei der Entscheidung, welchen Weg sie finanziell einschlagen soll. Sie entscheidet sich für die Variante mit der Eigentumswohnung und einem zusätzlichen jährlichen Sparen. Zwar bringt ihr dies noch keine Million, aber einen guten Grundstock, den sie bei günstigen Umständen, wie Gehaltserhöhungen oder auch Heirat, wenn in der noch kinderlosen Phase beide verdienen, rasch aufstocken kann. Denn eins hat Catherine dank der Finanzplanung begriffen, daß sie ihre Lebe-heute-Mentalität mit einer Perspektive, einer längerfristigen Sicht, erweitern kann, ohne daß ihr Lebensgefühl oder ihre Flexibilität beeinträchtigt ist.

LEBE-MORGEN-TYP: GEPLANT KOMMT MAN SCHNELLER ANS ZIEL

Herbert Weiß; Finanzpotential: durchschnittlich; Investitionsverhalten: sparorientiert; Entscheidungsverhalten: zielorientiert; Kommunikationsebene: Umgangssprache. Er ist heute 30 Jahre alt, hat Wirtschaftsinformatik studiert und ist ein typischer Vertreter der Computer- und Internetgeneration. Computer waren sein Spielzeug. Wie viele seiner Kollegen hat er schon während des Studiums mit seinen Fähigkeiten Geld verdient und mit Freunden auch bereits eine eigene Firma gegründet. Diese brachte zwar in den ersten Jahren selten viel Geld, jedoch viele Erfahrungen. Immerhin konnte er sein Studium und seinen Lebensunterhalt mit Wohnung und eigenem Auto finanzieren. Mit 25 Jahren war er kurzfristig erfolgreich und erzielte ein Bruttoeinkommen von rund 80.000 DM. Es folgten vier Jahre mit geringerem Einkommen, denn zunächst mußte wieder Geld in die Firma investiert werden für neue Entwicklungen. Nach diesen Aufbaujahren zeichnen sich heute stabile Erträge ab.

Herbert Weiß plant gern. Dank seiner Begeisterung für Computer macht es ihm Spaß, seine finanziellen Zukunftsmöglichkeiten zu simulieren. Er beginnt seine finanzielle Zukunft genau zu planen. Mit dreißig Jahren hat er noch eine durchschnittliche Lebenserwartung von 53 Jahren. Er stellt sich vor, bis zum üblichen Pensionsalter von 65 Jahren zu arbeiten. Er rechnet also mit 35 aktiven Jahren. Die Phase ohne Berufstätigkeit bzw. die Abbauphase beträgt demnach 18 Jahre.

Wie sieht nun die optimistische Variante der Entwicklung von Herbert Weiß aus? Er geht davon aus, daß er in den kommenden fünf Jahren, also bis 35, ein eher stabiles Einkommen von 111.000 DM erzielen wird. Seine Planung sieht vor, mit seiner Lebenspartnerin Regula eine Familie zu gründen. Sie wünschen sich in dieser Zeit zwei Kinder. Er meint, im Alter von 36 Jahren in seiner Firma genügend Know-how und Kunden angesammelt zu haben, so daß er dann mit hohen Produktivitätsfortschritten rechnen kann. Er nimmt an, daß sich sein Einkommen ähnlich entwickelt wie junge vielversprechende Unternehmen, in die Venture Capitalists investieren. Das ergibt jährliche Wachstumsraten von 12 %. Weiter geht er davon aus, daß dieser Produktivitätsfortschritt rund 7 Jahre anhält. Diese Zeitspanne ist ebenfalls ein Erfahrungswert für Venture Capital. Gemäß dieser Rechnung ist damit sein Einkommen von 120.000 DM auf rund 265.000 DM gestiegen. Mit hohen Wachstumsraten kann es nicht immer weitergehen, das Unternehmen kommt auch in eine mittlere Lebensphase. Das Einkommenswachstum wird entsprechend der durchschnittlich zu erwartenden Langfristrendite von Aktien angesetzt, die inflationsbereinigt vier Prozent beträgt. Diese Lebensphase wird auf zehn Jahre festgelegt, denn eine solche Zeitspanne gilt als Richtgröße, um eine Rendite von real vier Prozent bei Aktien zu erreichen. Im Alter von 53 ist sein Einkommen bei rund 400.000 DM angelangt. Weiter stellt er sich vor, daß der Produktivitätsfortschritt bis zum Pensionsalter von 65 langsamer wird. Als Rechengrundlage dient die reale Rendite für fest verzinsliche Wertschriften von 1,26 %. Er erreicht das Pensionsalter mit einem Einkommen von 460.000 DM. Zählt

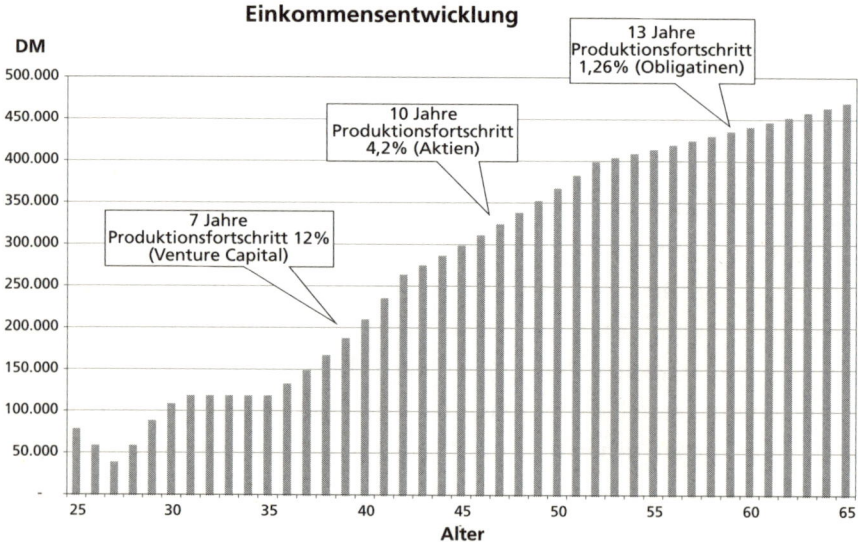

62

man die Einkommensströme über 40 Jahre, also vom Alter 25 bis 65, zusammen, ergibt dies eine Summe von 11.263.315 DM. Dieser Wert macht klar, wie bedeutsam das »Humankapital« für die persönlichen Finanzen ist.

Herbert Weiß nimmt sich als nächstes seinem Ausgabenverhalten an. Bis zum Alter von 30 Jahren hat er alles, was er eingenommen hat, auch wieder ausgegeben. Als er dann sah, daß seine Firma in eine stabilere Situation gekommen war und er sich mehr Lohn auszahlen konnte, stiegen seine Ausgaben um rund 20.000 DM. Er konnte dabei ungefähr 10.000 DM sparen. Mit dem Unternehmenserfolg ab einem Alter von 36 Jahre will er nicht sofort seinen Lebensstandard entsprechend erhöhen. Die Ausgaben für den Lebensstandard machen seiner Meinung nach erst einen Sprung nach oben, wenn die zwei Kinder in die Schule kommen. Gemäß Erfahrungszahlen aus der Finanzplanung erhöht sich der Lebensstandard für jedes Kind um zehn Prozent. Für eine Universitätsausbildung sind höhere Beträge vorzusehen, sie bewegen sich je nach Lebensstandard und Studienort zwischen 20.000 und 36.000 DM. Herbert Weiß will mit 36.000 DM pro Kind und Jahr rechnen. Damit die Rechnung für das Beispiel nicht zu un-

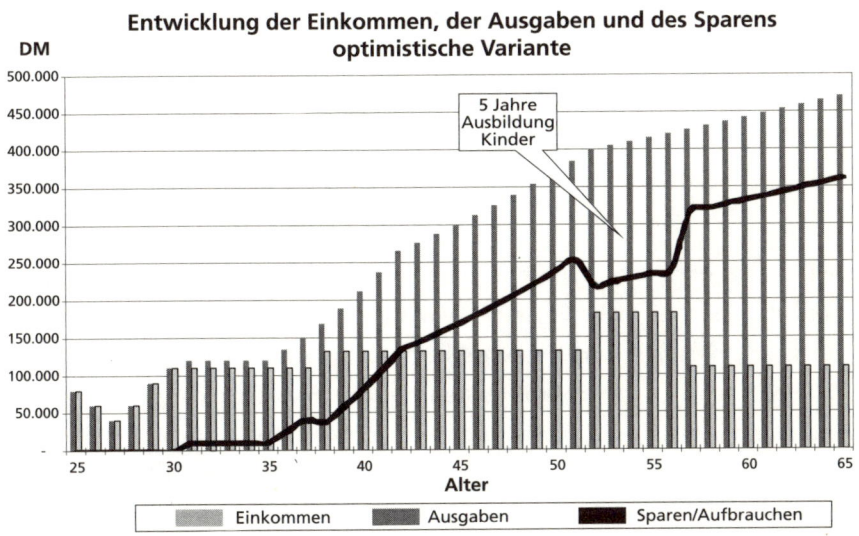

Entwicklung der Einkommen, der Ausgaben und des Sparens optimistische Variante

übersichtlich wird, sind die Steuern nicht separat aufgeführt, sondern werden in die Ausgaben eingerechnet.

Die jährlichen Sparbeträge werden nach der »Altersregel« angelegt, es wird mit realen, also inflationsbereinigten Renditen gerechnet. Er startet mit 10.040 DM im Alter von 30 Jahren und hat mit 65 rund 7 Mio. DM beisammen. Die erste Million ist mit 45 Jahren erreicht. Dann wird das Vermögen abgebaut und jeweils der Lebensstandard von rund 110.000 DM abgezogen. Am Ende der durchschnittlichen Lebenserwartung verbleiben jedoch immer noch stolze sechs Millionen für die lachenden Erben.

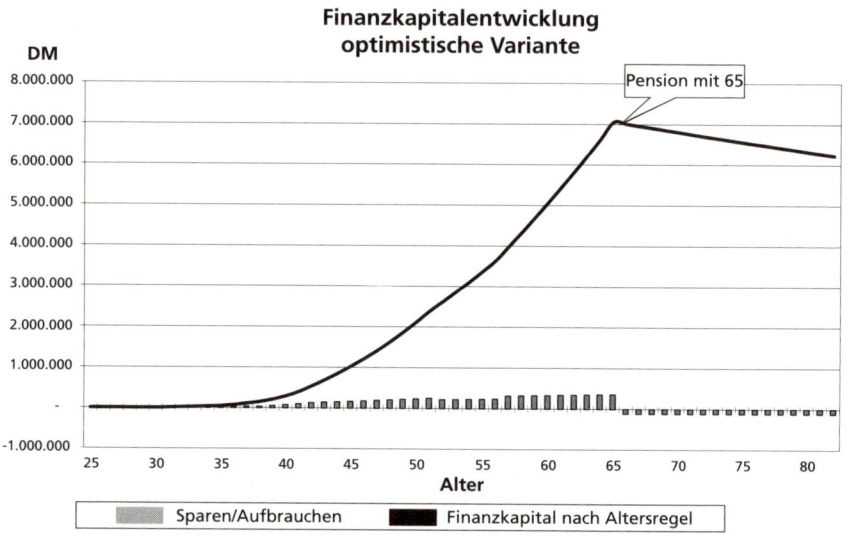

Wie es der eher »vorsichtigen« Geldpersönlichkeit von Herbert Weiß entspricht, bleibt er nicht bei einer Variante stehen, sondern rechnet auch noch eine pessimistische Variante durch. Die pessimistische Variante unterscheidet sich von der optimistischen nur durch wesentlich geringere Produktivität. Anstelle der Wachstumsraten für Venture Capital von 12 % wird von der durchschnittlichen realen Rendite von Aktien von 4 % ausgegangen. Dann folgt im Alter 42 bereits die Phase mit geringen Wachstumsra-

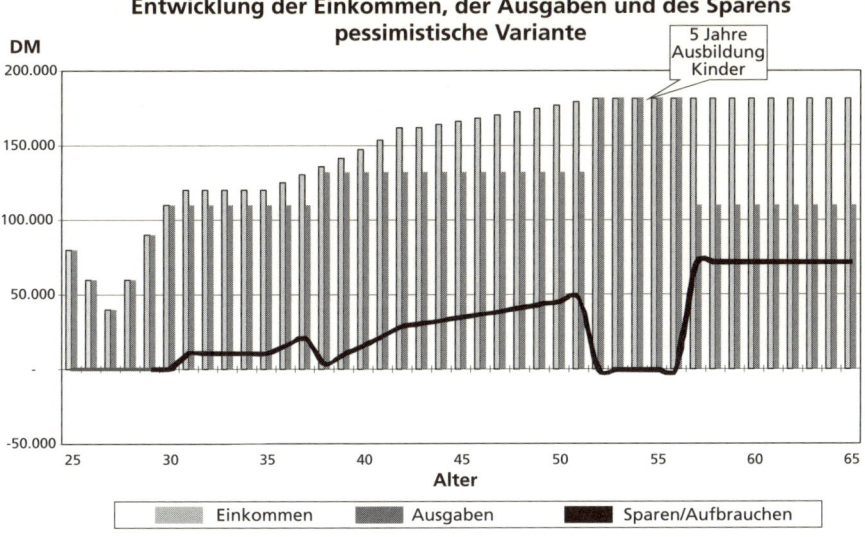

Entwicklung der Einkommen, der Ausgaben und des Sparens
pessimistische Variante

ten, gemäß der realen Rendite von festverzinslichen Wertpapieren. Im Alter von 53 Jahren erreicht er sein höchstes Einkommen von 181.000 DM. Bis zum Pensionsalter ist der Produktivitätsfortschritt null, es bleibt beim bis-

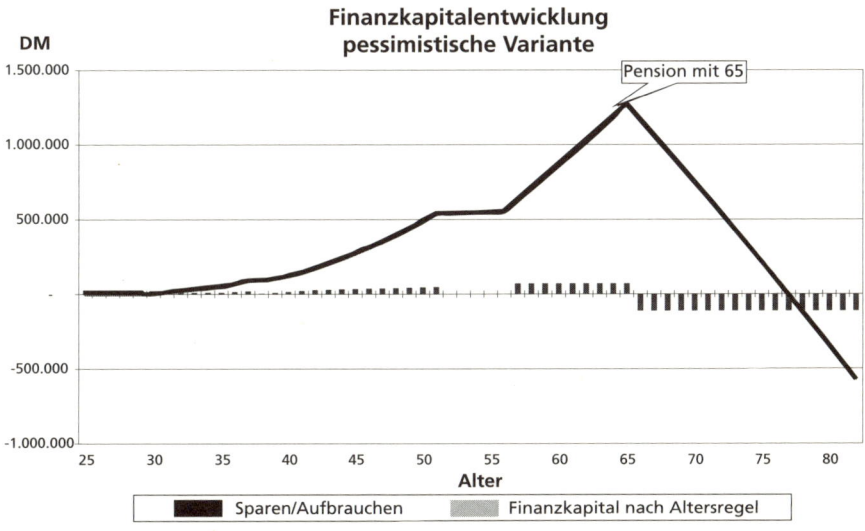

Finanzkapitalentwicklung
pessimistische Variante

herigen Einkommen. Zählt man die Einkommensströme über 40 Jahre, also vom Alter 25 bis 65, zusammen, ergibt dies eine Summe von 6.107.516 DM, also nur etwas mehr als die Hälfte der optimistischen Variante.

In der pessimistischen Variante startet Herbert Weiß ebenfalls im Alter von 30 Jahren mit 10.040 DM und hat im Alter von 65 rund 1,3 Millionen DM erreicht. Dann wird das Vermögen abgebaut und jeweils der Lebensstandard von rund 110.000 DM abgezogen. Am Ende der durchschnittlichen Lebenserwartung ist jedoch mehr als alles aufgebraucht.

Klar ist, daß die Rechenvarianten von Herbert Weiß sehr schematisch sind. Das Leben ist viel zu bunt, als daß alles so ablaufen würde, wie eine Tabellenkalkulation im Computer. Finanzieller Erfolg stellt für Herbert Weiß einen hohen Wert dar. Diese Zahlenreihen helfen einem ehrgeizigen, sparorientierten jungen Mann, sein Verhalten nach seinen Zielen auszurichten.

WIE STÄRKEN DER GELDPERSÖNLICHKEIT IN DER PLANUNG FÜR DAS ALTER GENUTZT WERDEN KÖNNEN

Dora Jensen; Finanzpotential: überdurchschnittlich; Investitionsverhalten: sparorientiert; Entscheidungsverhalten: kontrollorientiert; Kommunikationsebene: geschäftsmäßig. Sie gehört zu jenen tatkräftigen Kleinunternehmerinnen, die zum Wirtschaftswunder im Nachkriegsdeutschland beitrugen und führt heute noch mit 68 Jahren zusammen mit drei Mitarbeiterinnen ein Optikergeschäft in einer Kleinstadt. Sie hat in eben diesem Geschäft auch ihre Lehre gemacht, und nach dem Fachschulabschluß ist sie als Mitarbeiterin zurückgekehrt. Bereits mit 32 Jahren konnte sie das Geschäft übernehmen. Es entwickelte sich während langer Jahre sehr erfolgreich. Dora Jensen konnte ein beträchtliches Vermögen aufbauen. Es sind rund 1,4 Millionen DM in Wertschriften und ein selbstgenutztes Einfami-

Übersicht über Ausgaben für 1 Jahr von Dora Jensen

			pro Jahr	Anteil
Rund ums Wohnen				
Miete			27.600	29%
Kommunikation			3.000	
	Telefon			
	TV			
	Radio			
Kleinanschaffungen				
	Haushalt		2.000	
	Einrichtung			
	Garten		4.000	
Unterhalt				
	Reinigung			
	Haushaltshilfe		3.000	13%
Essen, Kleiden, Pflegen				
Essen			7.800	
	Einladungen			
	Auswärtsessen		2.000	10%
Pflege			3.500	
	Coiffeur			
	Kosmetik			
Kleidung			6.000	10%
Versicherungen				
Versicherungen				
	Krankenkasse		4.500	
	Franchise			
	Hausrat			
	Haftpflicht		1.000	6%
Individuelle Angaben				
Transport	Bahn, Tram, Taxi		1.500	
	Auto	Unterhalt	1.000	
		Benzin	500	
		Versicherung	2.000	
Gesundheit	Zahnarzt, Massage, Kur, Fitness, Sport		5.000	
Geschenke, Beiträge, Spenden			8.000	
Wohlbefinden	Unterhaltung	(Lektüre, Kurse, Musik	1.000	
	Anschaffungen	Heimelektronik	500	
		Hobby (Fahrrad, Kunst)		
	Reisen		12.000	
	Haustiere			
Weiterbildung				33%
Lebensstandard			95.900	
Steuern			55.000	
Lebensstandard mit Steuern			150.900	

67

lienhaus mit großem Garten, eines ihrer Hobbys, und eine Einliegerwohnung da. Heute mit 68 Jahren denkt sie ans Aufhören. In den letzten fünf Jahren veränderte sich das Konkurrenzumfeld, große Ladenketten bestimmen den Markt. Sie verhandelt mit deren Vertretern über den Verkauf ihres Geschäfts, denn sie hält ein kleines Geschäft wie ihres nicht mehr für wettbewerbsfähig. Dank des Interesses des Großverteilers am zentralen Standort ihres Geschäfts kann sie bewirken, daß zwei ihrer Mitarbeiterinnen weiter beschäftigt werden, die dritte hat ebenfalls bereits das Pensionsalter erreicht.

Sie ist seit zehn Jahren verwitwet. Ihr Mann leitete das örtliche Gymnasium, und sie bezieht dank diesem Umstand eine gute Pension. Die Ehe blieb kinderlos. Mit den Kindern ihrer Schwester und ihres Bruders pflegt sie einen regelmäßigen und intensiven Kontakt. Diese schätzen die trockene, humorvolle und lebenstüchtige Art ihrer Tante sehr. Sie hat auch manchmal ohne Aufhebens aus der Patsche geholfen.

Vorausschauend und nüchtern wie Dora Jensen die Dinge angeht, will sie auch ihre dritte Lebensphase planen. Sie möchte jene Teile ihres Vermögens, die nicht dem künftigen Lebensunterhalt dienen, bereits heute an ihre Nichten und Neffen vererben. Ihren langjährigen Mitarbeiterinnen will sie eine Schenkung geben. Für den Pflegefall im hohen Alter soll vorgesorgt werden. Ihre Familie zeichnet sich durch Langlebigkeit aus.

Die Geldpersönlichkeit von Dora Jensen spiegelt den sorgsamen und vorausschauenden Umgang mit den Finanzen wider. Sie hat ihre Ausgaben gut im Griff, was angesichts ihrer Sparorientierung und ihrer sorgsamen Art nicht anders zu erwarten ist. Die Ausgaben entsprechen den persönlichen Werten. Dies kann man gut an den einzelnen Ausgaben in ihrem Budget nachlesen. Dora Jensen ist auch ein gutes Beispiel dafür, daß Sparorientierung nicht Geiz oder Knausrigkeit bedeutet. Sie gönnt sich durchaus auch die heutigen Genüsse des Daseins, wie Reisen, doch bleibt alles im wohlgeordneten Rahmen. Die Einnahmen von rund 180.000 DM setzen sich derzeit je zur Hälfte aus der Witwenrente und aus Geschäftseinkommen zusammen. Das Einkommen aus dem Geschäft war, abgesehen von den letzten fünf Jahren, im Durchschnitt wesentlich höher. Ein großer Teil des Vermögensaufbaus erfolgte dank dem nicht für den Lebensunterhalt benötigten Teil des Geschäftseinkommens. Der Einkommensspielraum wurde nie voll ausgeschöpft, sondern es blieb ein beträchtlicher Einnahmenüberschuß. Der Sparbetrag machte 15 Prozent des jährlichen Einkommens aus. Diese Praxis hat sie offensichtlich während ihrer 32jährigen Berufstätigkeit kontinuierlich verfolgt. Darin liegt ihr Geheimnis zum Aufbau eines Vermögens. Sicher haben dazu auch noch die Lebensumstände beigetragen, wie sparsamer Ehepartner und keine Aufwendungen für Familie. Der Aufbau eines Vermögens fiel Dora Jensen dank ihrer Sparorientierung leicht. Sie hat der Vorsorge immer schon Priorität vor dem Heute gegeben. Vermutlich wäre auch bei bescheideneren Lebensumständen immer etwas fürs Sparen übriggeblieben.

Ihr kontrollorientiertes Entscheidungsverhalten in finanziellen Dingen half mit, nüchterne, klare Entscheide zu fällen. Diese waren meist reiflich überlegt, und sie blieb dabei. In ihrer unternehmerischen Tätigkeit hat sie gelernt, Risiken möglichst zu kalkulieren. Diese Methode übertrug sie auch auf ihre Finanzanlagen. In der Kommunikation mit ihren Finanzberatern überwog die klare, sachlich Ebene. Sie ließ sich auch von noch so begeisterten Geschichten über heiße Tips selten zu einem spontanen Entscheid hinreißen. Insgesamt verfügte Dora Jensen dank ihrer Geldpersönlichkeit über sehr günstige Voraussetzungen, ein Vermögen zu erwirtschaften.

Dora Jensen hat ihr Vermögen entsprechend ihrer Risikofähigkeit intelligent zusammengesetzt. Sie war sich bewußt, daß sie einen langen Zeithorizont zur Verfügung hat. Sie konnte deshalb die höhere Langfristrendite von Aktien nutzen. Sie ging von der Überlegung aus, daß sie dank dem Gehalt ihres Mannes und ihres eigenen Einkommens aus dem Geschäft ihr

IST-Struktur des Vermögens von Dora Jensen

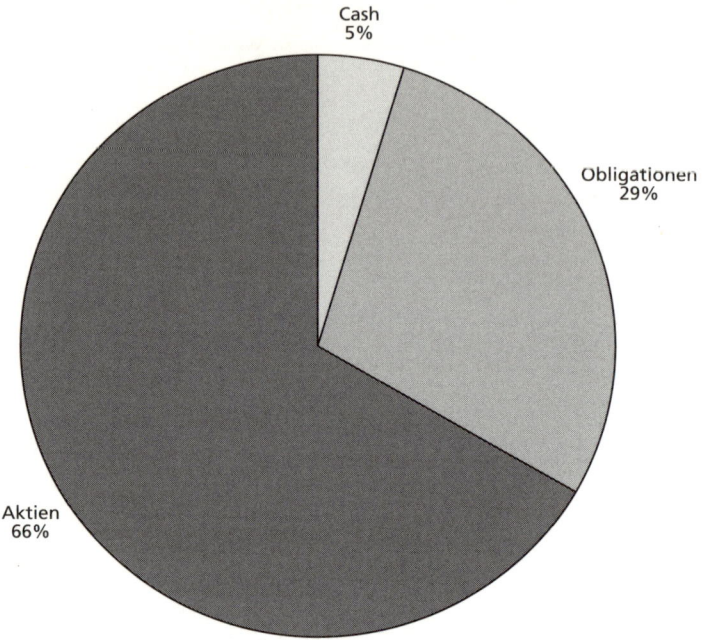

Cash
5%

Obligationen
29%

Aktien
66%

Vermögen mit großer Wahrscheinlichkeit für ihren Lebensunterhalt nicht angreifen müßte. Sie schätzte sich also als hoch risikofähig ein. Als Unternehmerin war ihr vertraut, daß Risiken zumindest langfristig auch hohe Chancen beinhalten.

Sie hat deshalb kontinuierlich in Aktien investiert, indem sie die Überschüsse aus dem Geschäft stetig anlegte. Dank der regelmäßigen Investition in Aktien war sie der Sorge enthoben, den richtigen Zeitpunkt für den Kauf zu treffen. Dies ist ja immer die große Frage: Wann soll das Geld investiert werden? Niemand möchte zum Höchstkurs einer Aktie kaufen. Im Verlaufe der Jahre hat sie gesehen, daß sie zwar in einem Jahr eher zu Höchstkursen, dafür in einem anderen Jahr zu Tiefstkursen investiert hatte. Ohne etwas von modernem Portfoliomanagement zu verstehen, hat sie dem Grundsatz nach gelebt, nie alle Eier in einen Korb zu tun. Sie hat auf eine Streuung der Aktien über verschiedene Branchen und Länder geachtet. Entsprechend ihrer Neigung bevorzugte sie, nur in jene Titel zu investieren, über die sie sich selbst eine Meinung bilden konnte. Deshalb hat sie vorwiegend in Deutschland, in europäischen und amerikanischen Aktien angelegt. Sie ließ sich dabei auch nicht von ihren Beratern beirren, als die japanischen Märkte in aller Munde waren. Wenn man ihre Vermögensentwicklung zurückverfolgt, dann wäre theoretisch ein höherer Gewinn möglich gewesen. Aber dieser wäre mit höheren Risiken erkauft worden und hätte nicht zu Dora Jensen gepaßt. Dora Jensen hat ihr Wertschriftendepot nicht aktiv bewirtschaften lassen. Sie hat nach kurzer Rücksprache mit dem Bankberater Titel gekauft, und dann die Titel in ihrem Depot gehalten. Auch dies paßt zu ihrer Geldpersönlichkeit. Diese Art der Vermögensverwaltung spart Gebühren. Eine aktive Vermögensverwaltung ist teurer.

Dora Jensen nützt Möglichkeiten der Steuerersparnis aus. Allerdings will sie dabei ihre Handlungsfreiheit nicht aufs Spiel setzen, nur um Steuern zu sparen. Sie will, wie dies in ihrem Entscheidungsverhalten zum Ausdruck kommt, die Übersicht behalten, und hat die lange Frist, das Morgen, im Auge. Wenn sie vor allem auf Steuerersparnis gesetzt hätte, dann wären größere Teile ihres Vermögens in Versicherungen und Immobilien angelegt. Dies hätte jedoch ihre Flexibilität bei möglichen Wendepunkten eingeschränkt.

Gemäß Statistik kann Dora Jensen noch mit einer durchschnittlichen Lebensdauer von 20 Jahren rechnen. Diese Zeitspanne wird als Planungshorizont eingesetzt. Dora Jensen will weiter für den Pflegefall vorsorgen. Sie rechnet dabei mit dem Erfahrungssatz von drei Jahren in einem Pflegeheim. Dafür will sie insgesamt 360.000 DM reservieren.

Dora Jensen ist sich im klaren darüber, daß für den Lebensunterhalt in ihrer Altersphase eine Entnahme aus ihrem Vermögen notwendig ist. Sie möchte, daß dieser Zufluß aus dem Vermögen regelmäßig anfällt und es nicht notwendig ist, Wertpapiere zu verkaufen. Die heutige Struktur kann diese Anforderungen nicht erfüllen. Die Verteilung auf Obligationen und Aktien muß geändert werden. Der Obligationenanteil wird zu Lasten der Aktien erhöht. Dies gibt regelmäßige Zinserträge. Die Obligationen werden dann in den Laufzeiten unterschiedlich gestaffelt, so daß immer wieder eine Obligation fällig wird und den Cashanteil aufstocken kann. Dora Jensen möchte ständig etwa 95.000 DM bar zur Verfügung haben. Dies entspricht dem Lebensstandard von einem Jahr.

Sie beginnt ihre dritte Lebensphase mit einem Aktienanteil von 40 Prozent. Für die Zukunft werden dann Anteile von Obligationen und Aktien gemäß der Altersregel angepaßt. Das heißt je älter sie wird und je kleiner

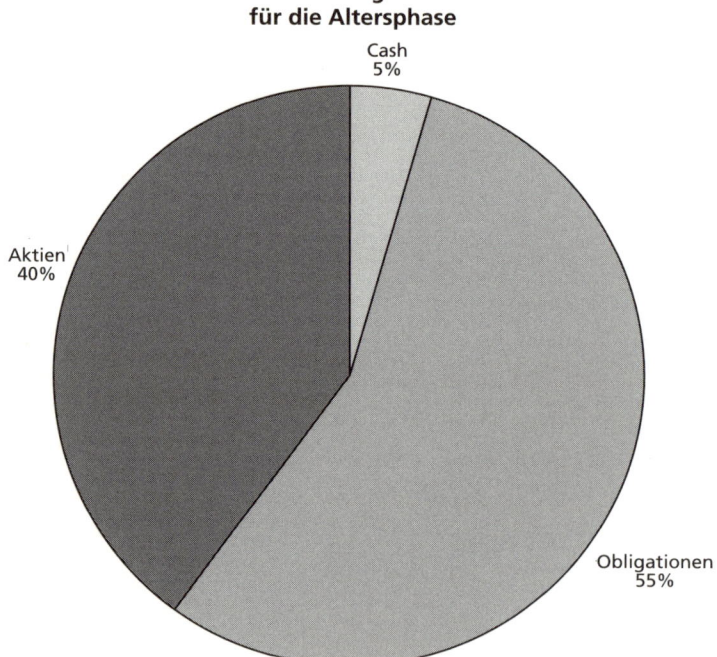

SOLL-Struktur des Vermögens von Dora Jensen für die Altersphase

Cash 5%

Aktien 40%

Obligationen 55%

das Vermögen, um so größer wird der Anteil Obligationen. Es paßt zu ihrem vorausschauenden Naturell, daß sie mit der Umstrukturierung zwei Jahre vor Geschäftsaufgabe beginnt. Also zwei Jahre bevor sie auf ihr Vermögen für den Lebensunterhalt zurückgreifen muß. Dies läßt ihr wiederum genügend Spielraum, um den günstigen Zeitpunkt für den Verkauf von Aktien abzuwarten und in Obligationen umzuschichten.

Die neue Sollstruktur bringt eine kleinere Rendite als die vorhergehende. Jedoch hält dies Dora Jensen im Hinblick auf die größere Sicherheit und Einfachheit der Handhabung für vertretbar.

**Renditen des Anlagevermögens von Dora Jensen
vor und in der Altersphase**

			IST	Im Alter
Anlagestruktur	nominal	real	Renditen real	Renditen real
Cash	2,80%	0 00%	0	0
Obligationen	5,06%	1,26%	7.560	14.646
Aktien	8,00%	4,20%	58.800	35.352
Total			66.360	49.998

Dora Jensen muß nicht lange über ihre Wünsche nachdenken:
Sie hat sich in ihrem persönlichen Leben gut eingerichtet. Die Dinge, die ihr Freude machen wie Ausgaben für die Pflege des Gartens, Reisen, Geschenke und Spenden sind in ihrem jährlichen Budget bereits berücksichtigt. Ihr wichtigstes Anliegen ist, ihr Erbe zu bestellen. Ihre langjährigen Mitarbeiter möchte sie bei der Geschäftsaufgabe mit insgesamt 120.000 DM bedenken. Sie möchte ihren Nichten und Neffen bereits heute einen Geldbetrag vererben. Sie möchte mit warmen und nicht mit kalten Händen geben. Sie vertritt die Ansicht, daß ihre Nichten und Neffen, die zwischen 20 und 26 Jahren alt sind, heute vom Erbe einen höheren Mehrwert haben, als in 20 Jahren, wenn sie selbst schon über 40 Jahre alt sind. Außerdem scheint ihr dies steuerlich sinnvoll, denn Freibeträge können besser ausgenützt werden. Von ihrem Wertschriftenvermögen möchte sie nach Berück-

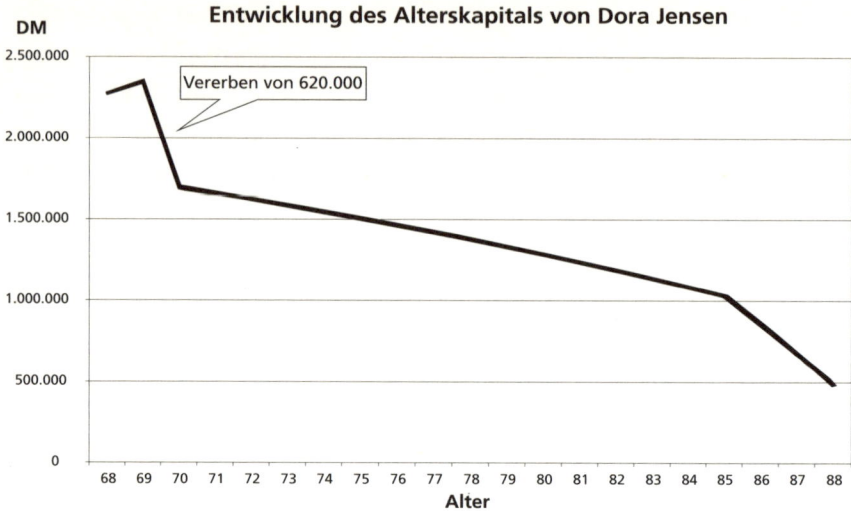

sichtigung ihrer Bedürfnisse etwa eine halbe Million frei verfügbares Vermögen in Wertschriften behalten.

Die Rechnung für Dora Jensens finanzielle Zukunft geht von folgenden Annahmen aus: Sie führt ihr Geschäft noch weitere zwei Jahre, die Rente ihres Mannes bleibt wie bisher. Für den Lebensstandard braucht sie weiterhin den gleichen Betrag. Dora Jensen hat für sich keine Wünsche offen. Die Steuern werden im bisherigen Umfang eingesetzt. Bei Geschäftsaufgabe sollen die drei Mitarbeiter je 40.000 DM erhalten. Für den Pflegefall sind für drei Jahre je 120.000 DM eingerechnet. Die Kalkulation ergibt, daß Dora Jensen heute 500.000 DM vererben kann. Die Nichten und Neffen erhalten damit je 100.000 DM. Am Ende ihrer durchschnittlichen Lebenserwartung bleiben dann immer noch knapp eine halbe Million sowie als weiterer Vermögenswert das Haus mit der Einliegerwohnung.

Dora Jensen kann dank der Rechnung die Konsequenzen von Erbvorbezug und Alter erkennen. Zum einen sieht sie klar, daß sie sich in bezug auf die Vorsorge für das Alter keine Sorgen zu machen braucht. Sie kann dem Altwerden finanziell getrost entgegensehen. Zum anderen kann sie auch die Risiken abschätzen, die sich ergeben, wenn sie bereits heute einen Betrag von einer halben Million an ihre Erben weitergibt sowie ihre Mitarbeiter bedenkt. Sie findet, daß sie mit diesem Risiko gut leben kann und entscheidet sich, bereits jetzt Schenkungen zu machen.

WIE SICH EIN GUTES FINANZPOTENTIAL TROTZ UNSICHERHEIT UND EMOTIONALITÄT ENTFALTET

Anna und Michael Schmid mit Barbara, Christian und Daniel; Finanzpotential: Michael überdurchschnittlich, Anna eingeschränkt; Investitionsverhalten: beide neutral; Entscheidungsverhalten: beide unsicher; Kommunikationsebene: beide emotional. Von außen betrachtet sieht bei Anna, 38 Jahre, und Michael Schmid, 43 Jahre, vieles beneidenswert aus. Michael hat es nach mühseligen Jahren als Assistenzarzt inzwischen zum Chefarzt für Neurochirurgie an einer Klinik in einer mittelgroßen Stadt gebracht. In der Klinik wird er geschätzt, auch international zählt er in seinem Fachgebiet zu den gesuchten Referenten. Anna absolvierte eine kaufmännische Lehre, die ihr jedoch nie besonders Spaß machte. Sie arbeitete in der Verwaltung der Klinik, an der Michael seine Ausbildung zum Facharzt machte. Anna war noch sehr jung, als geheiratet wurde. Bei der Geburt des ersten Kindes gab sie ihre Tätigkeit auf. Inzwischen hat sie das Abitur nachgeholt, sie plant ein Studium der Psychologie. Die Kinder Barbara, 17 Jahre, Christian, 16 Jahre, und Daniel, 15 Jahre, sind gut geraten, einfach so, wie dies ihrem Alter entsprechend ist. Sie wohnen in einer alten Jugendstilwohnung in einem schönen Quartier mit einer angesichts der Wohnqualität eher günstigen Miete. Sie legen Wert darauf, den Kindern die Welt zu zeigen, und machen in den großen Schulferien weite Reisen. Mehrmals verbrachten sie ihre Skiferien im Wallis in der Schweiz, und vor einem Jahr haben sie sich dann ein Ferienhaus gekauft. Sie haben dafür ihre Aktien von insgesamt 400.000 DM verkauft. Sie waren nie recht glücklich mit ihren Anlagen. Was sie davon verstanden war, daß bei den Depotauszügen Ende des Jahres die Aktien weniger wert waren, als zum Kaufzeitpunkt vor zwei Jahren. Damals waren die Aktien auf Höchststand, dann ging es mit der Kursentwicklung abwärts. Das Depot bestand aus deutschen und amerikanischen Aktien, wobei auch einige eher risikoreiche Unternehmen aus der Internetbranche dabei waren.

Michael hat ein großes Arbeitspensum, ist jedoch von seinem Beruf fasziniert. Er hat den Eindruck, daß er die Anforderungen aus Beruf und Familie im großen und ganzen gut in Übereinstimmung bringen kann. Auch Anna ist mit ihrem Dasein zufrieden, die Familie läßt ihr genügend Freiraum, um ihre Weiterbildung voranzutreiben. Die Kinder haben vielfältige Aktivitäten, Reiten, Leichtathletik, Tanz und Theatergruppen. Das Thema Geld spielt in der Familie eigentlich keine große Rolle. Ab und an wird am Familientisch die hohe Steuerlast beklagt. Etwas bereitet Anna und Michael allerdings Sorge: sie wissen nicht so recht, wie sie den Ansprüchen ihrer Kinder begegnen sollen. Wieviel Taschengeld ist angebracht? Beide kommen aus einem eher bescheidenen Elternhaus. Heute scheint dies mit den eigenen Kindern irgendwie nicht mehr richtig zu klappen. Sie haben schon verschiedenes ausprobiert, wie feste Zuteilung von Taschengeld oder entsprechend der Mithilfe im Haushalt oder Belohnungen für gute Noten und so fort. Kein System hat sich bewährt. Es ging die Übersicht verloren. Die Diskussionen in der Familie wurden denn auch immer etwas verworren, wenn jedes der Kinder meinte, es sei benachteiligt.

Wenn Anna und Michael über die Zukunft, insbesondere die ihrer drei Kinder sprechen, beschleicht sie manchmal ein vages Unbehagen. Das hohe Einkommen schwindet nur so dahin. Sie fragen sich, wie sie dies früher gemacht haben, als der Lohn von Michael noch geringer war. Wenn größere Summen beispielsweise für eine Steuernachzahlung anfallen, dann suchen sie hektisch das Geld auf verschiedenen Konten zusammen. Die Erstellung der jährlichen Steuererklärung ist jedesmal eine Qual. Der Steuerberater muß mehrmals nachfragen, um die notwendigen Belege zu erhalten, manchmal sind sie überhaupt nicht aufzufinden. Die Erfahrungen mit Banken sind schlecht. Sie haben Konten bei vier Banken. Alle diese Banken hatten Anna und Michael Schmid in ihre Marketingdatenbank als vielversprechende Privatkunden aufgenommen. Die Banken luden Anna und Michael zu interessanten Anlässen, zu Theater- und Opernbesuchen ein. So ergab es sich, daß sie Konten bei dieser und jener Bank eröffneten. An sich interessieren sich weder Anna noch Michael für Finanzangelegenheiten. Sie sind ihnen eher lästig. Michael hat die Finanzen an Anna delegiert, schließlich ist sie diejenige von beiden, die eine kaufmännische Ausbildung hat. Fast wäre Anna auch einem Wirtschaftsbetrüger aufgesessen, der ihr am Telefon Optionen mit Riesengewinnen verkaufen wollte. Nur per Zufall, weil der Vertrag in der Post verlorenging, hat sie nicht unterschrieben. Als ein befreundetes Ehepaar von ihren positiven Erfahrungen mit Finanzplanung erzählt, fassen sie den Entschluß, dem vagen Unbehagen ein Ende zu setzen. Der letzte Anstoß kommt von ihrem jüngsten Sohn Daniel. Für ein Sporttrainingslager zusammen mit gleichaltrigen Jugendlichen aus einem Stadtquartier mit starker ausländischer Bevölkerung sucht er Sponsoren. Er meint, sein Vater sei reich. Er könne problemlos 5.000 DM spenden. Er weiß auch, daß diese Spende steuerlich abzugsfähig ist, oft genug hat er von der hohen Steuerlast seines Vaters gehört. Auch diese 5.000 DM sucht Anna hektisch auf verschiedenen Konten zusammen.

Anna und Michael werden sich klar darüber, daß sie ihre Finanzen nicht mehr weiter als eine zu vernachlässigende Nebensache behandeln dürfen. Beide sind auch der Meinung, daß sie gegen die Unübersichtlichkeit ihrer Finanzen etwas unternehmen müssen. Nun gibt es verschiedene Möglichkeiten, die persönlichen Finanzen in den Griff zu bekommen. Dazu gehören Kurse, Selbststudium und persönliche Beratung. Zeit ist für Anna und Michael knapp. Deshalb denken sie, daß eine professionelle Unterstützung am effizientesten ist. Allerdings dürfen sich Anna und Michael bei der Auswahl des Beraters nicht nur auf ihr Gefühl verlassen, sondern die Fachkompetenz ist ebenso stark zu gewichten. Sie können sich auf die Empfehlung des befreundeten Ehepaars stützen, denn offensichtlich waren diese zufrieden, und der Berater konnte weiterhelfen. Der erste Schritt ist also ein Gespräch mit dem empfohlenen Finanzplaner. Zu achten ist dabei auf die Gesprächsführung. Geht der Berater auf die persönlichen Anliegen ein, das heißt, stellt er die für Anna und Michael wichtigen Fragen. Wie ist die Beratung dokumentiert. Um dies festzustellen, können sich Anna und Michael Musterbeispiele zeigen lassen. Schließlich ist immer die Frage des Honorars zu besprechen. Dies ist Michael nicht fremd, denn auch in seinem Beruf wird die Frage nach den Kosten immer häufiger gestellt. Zur Beurteilung des Beraters gehört auch die Klärung der Unabhängigkeit. Berater, die ihre Einnahmen mehrheitlich über Provisionen beim Verkauf von Bank- und Versicherungsprodukten verdienen, sind kritischer zu hinterfragen und im Zweifel abzulehnen. Es ist sonst nicht sichergestellt, daß wirklich die Interessen der Klienten im Vordergrund stehen und nicht die höchstmöglichen Provisionen. Dann sollten sich Anna und Michael noch einen zweiten Berater anschauen. Im Branchenverzeichnis oder bei entsprechenden Verbänden, auch die sind übers Telefonbuch zu finden, sollte eine Firma ausgewählt werden. Anschließend sind die Eindrücke aus beiden Gesprächen auszuwerten und dann erst die Wahl zu treffen. Michael leuchtet dieses Vorgehen ein, denn in seinem Beruf macht er ebenfalls die Erfahrung, daß die Meinung eines Kollegen hilft, Entscheidungen für eine bestimmte Behandlungsmethode zu treffen. Anna und Michael entschließen sich nach dem zweiten Gespräch für den von den Freunden empfohlenen Berater. Insgesamt waren bei ihm die Auskünfte klarer, und eine persönliche Empfehlung ist wertvoll. Dank der Prüfung der Varianten fühlen sich Anna und Michael nun sicherer und sind überzeugt, den passenden Finanzplaner gefunden zu haben.

Die Auswertung der Geldpersönlichkeit von Anna und Michael zeigt, woher die Unsicherheit bei Finanzen kommt. Im Entscheidungsverhalten trifft auf beide das Merkmal »unsicher« zu. Dies erstaunt auf den ersten Blick. Beide sind gut ausgebildet, man sollte also meinen, sie seien auch in der Lage, finanziell richtige Entscheide zu fällen. Offensichtlich nützt Wissen und Erfahrung in einem Gebiet wenig für andere Lebensbereiche. Auch für Finanzen muß man sich Grundkenntnisse aneignen. Ärzte scheinen besonders häufig zu den Geschädigten von Wirtschaftskriminellen zu gehören. Vielleicht unterliegen sie der Meinung, weil sie in ihrem Gebiet oft unhinterfragte Autoritäten sind, sei dies auch für die Finanzen anzunehmen. Im Fall von Anna und Michael verschlechtert die Unsicherheit die eigene Situation noch dadurch, daß sie im Kommunikationsverhalten das Merkmal »emotional« aufweisen. In finanziellen Dingen richten sie sich nach gefühlsmäßigen Kriterien. Überspitzt formuliert, wenn sie an einem gesellschaftlichen Anlaß einen sympathischen Banker trafen, eröffneten sie in der Folge ein Konto bei der betreffenden Bank. Sie schenkten den Vorschlägen Glauben, weil sie meinten, daß das Vertrauen in einen Berater am wichtigsten sei.

Das Finanzpotential von Michael ist, wie nicht anders zu erwarten, überdurchschnittlich, jenes von Anna eingeschränkt, was durch die noch nicht abgeschlossene Ausbildung und mangelnde Berufserfahrung begründet ist. Nur kommt bei Michael das an sich gute Potential aufgrund der Unsicherheit nicht zum Tragen. Im Investitionsverhalten haben beide das Merkmal »neutral«. An sich ist grundsätzlich ein Gleichgewicht zwischen einer Lebe-heute- und Lebe-morgen-Mentalität gegeben. Als das Einkommen von Michael geringer war, haben Anna und Michael auch bewiesen, daß sie durchaus Ausgaben und Einnahmen im Gleichgewicht halten können. Sie konnten sogar jeweils noch etwas sparen. Die Erklärung dafür ist, daß sie bei kleineren Summen besser die Übersicht behalten konnten. Auch waren die Ansprüche der Kinder noch nicht so vielfältig. Sie haben in ihrem Lebensstil damals eher noch ihre studentischen Gewohnheiten beibehalten. Heute besuchen sie eine andere Klasse Restaurants, gehen in teurere Kleidergeschäfte und machen auf eine andere Art Ferien. Auch das frühere kleine Gebrauchtauto ist in eines der oberen Kategorie getauscht worden.

In der ersten Gesprächsrunde mit dem Finanzplaner kristallisieren sich folgende Themen heraus: Von dem hohen Einkommen sollte irgendwie etwas gespart werden. Michael zahlt zwar jährlich 8.000 DM in eine Lebensversicherung ein, aber dies halten beide für nicht genügend, was auch offensichtlich ist, denn damit werden gerade mal 2,7 % des Einkommens gespart. Das Gesparte sollte dann so angelegt werden, daß sich die Erfahrung mit dem ersten Aktiendepot nicht wiederholt. Dann sollte eine für alle akzeptable Lösung für das Taschengeld der Kinder gefunden werden. Schließlich finden beide, daß mit ihrer hohen Steuerbelastung irgend etwas nicht stimmen könne.

Der Finanzplaner bereitet für das nächste Gespräch noch keine direkten Antworten auf die aufgeworfenen Themen vor, sondern er möchte den Schmids ihre Situation und mögliche Entwicklungen vorstellen. Er ist sich bewußt, daß ein systematisches Erfassen des Ist-Zustandes zunächst nichts bringen würden. Anna wäre frustriert, wenn sie als erstes minutiös die Ausgaben der Familie erfassen müßte. In einer ersten Übersicht geht er davon aus, daß vom Einkommen von 310.000 DM rund 223.000 DM für den Lebensstandard ausgegeben werden. Den Restbetrag machen Steuern, Prämie für die Lebensversicherung und Kosten für die Weiterbildung von Anna aus. Den Bankbelegen entnimmt er, daß in den letzten beiden Jahren nach dem Kauf des Ferienhauses ungefähr im Durchschnitt 200.000 DM auf Sparkonten lagen. Daraus schloß er, daß kein zusätzliches Sparen stattgefunden hat. Auch dies stützt die Annahme, daß das Einkommen fast vollständig ausgegeben wurde.

Den Planungshorizont legt er für die Schmids auf 20 Jahre fest. In diese Phase fällt die Ausbildung der drei Kinder. Die Länge des Planungshorizonts wird noch von der Überlegung bestimmt, daß Michael voraussichtlich beruflich noch mit 20 aktiven Jahren rechnen kann. In seinem sechsten Lebensjahrzehnt ist jedoch vorstellbar, daß er dann nicht mehr voll den mit seiner Arbeit verbundenen chirurgischen Teil ausüben kann.

Anna und Michael meinen, daß jedes ihrer drei Kinder studieren wird. Beide halten sie viel von einer guten Ausbildung, wobei sie durchaus auch an Studiengänge im Ausland denken, wie zum Beispiel an einer der renommierten amerikanischen Universitäten. Der Finanzplaner nimmt eine Studiendauer von jeweils fünf Jahren an, wobei er Ausgaben für Studium und Lebensunterhalt von 3.000 DM im Monat festlegt, was eher im obersten Drittel liegt, jedoch vermutlich den Vorstellungen der Schmids entspricht.

Der Finanzplaner berücksichtigt bei den Varianten die Verpflichtungen, wie die Ausbildung der drei Kinder und die Weiterbildung von Anna, die bereits begonnen hat. Als Gegenstück für die Ausbildung der Kinder wird der Lebensstandard pro Kind für die Studienzeit um 10 % reduziert. Diese Reduktion ist ein Durchschnittswert aus der Finanzplanung. Weiter wird davon ausgegangen, daß das Einkommen von Michael gleichbleibt, ebenso die Steuern. Die Lebensversicherung wird gemäß Vertrag jährlich mit 8.000 DM angesetzt. Um die Entwicklung des Vermögens zu berechnen, sind noch Annahmen über die Art der Anlagen notwendig. Während der Ausbildungszeit der Kinder reicht das Einkommen von Michael nicht zur Finanzierung der Kosten. Zur Deckung des Fehlbetrags muß das Vermögen herhalten. Bei großen Abflüssen im Verhältnis zur Höhe des Vermögens entspricht es der Vorsicht, wenn das Geld nicht in Aktien, sondern in Obligationen angelegt wird. Dies trifft bei den Schmids zu, während drei Jahren sind alle drei Kinder in Ausbildung, was den stolzen Betrag von 108.000 DM ausmacht. Erst wenn die Ausbildungskosten wegfallen, gibt es anstelle der Abflüsse aus dem Vermögen wieder Zuflüsse. Dann können die Gelder wieder renditeträchtiger, also auch teilweise in Aktien, angelegt werden. Der Finanzplaner läßt also in acht Jahren das Vermögen entsprechend der Aufteilung nach der Altersregel wachsen. Ein Notgroschen von 37.000 DM wird als jederzeit verfügbares Bargeld reserviert. Damit stehen rund 162.000 DM zur Anlage zur Verfügung. Die Verzinsung erfolgt gemäß den realen Renditen für die einzelnen Anlagevehikel (vgl. Seite

127). Das Ferienhaus wurde für 800.000 DM gekauft, dafür wurden 400.000 DM Eigenkapital eingesetzt, so daß theoretisch ein Wert aus Immobilien von 400.000 DM zur Verfügung wäre. Ob sich dieser Vermögenswert realisieren läßt, ist allerdings fraglich. Die Wertentwicklung von Ferienhäusern ist noch größeren konjunkturellen Schwankungen ausgesetzt als jene von normalem Wohneigentum. Eine Finanzplanung sollte immer von der vorsichtigen Seite angegangen werden, deshalb berücksichtigt der Finanzplaner den Vermögenswert der Ferienwohnung zunächst nicht.

Beim nächsten Gespräch werden nun Anna und Michael mit drei Varianten konfrontiert.

Die Variante »so weiter wie bisher« zeigt, daß, wenn die Schmids nichts an ihrer finanziellen Lebensgestaltung ändern, das kleine Ausgangsvermögen stetig abgebaut wird. In sechs bis sieben Jahren würde ein Defizit entstehen. Sie müßten sich zur Aufrechterhaltung des Lebensstandards und zur Finanzierung der Ausbildung verschulden. Nach Ende der Ausbildungsphase könnten sie dann allerdings, wenn es mit dem Einkommen von Michael so weiter wie bisher geht und der Lebensstandard von Anna und Mi-

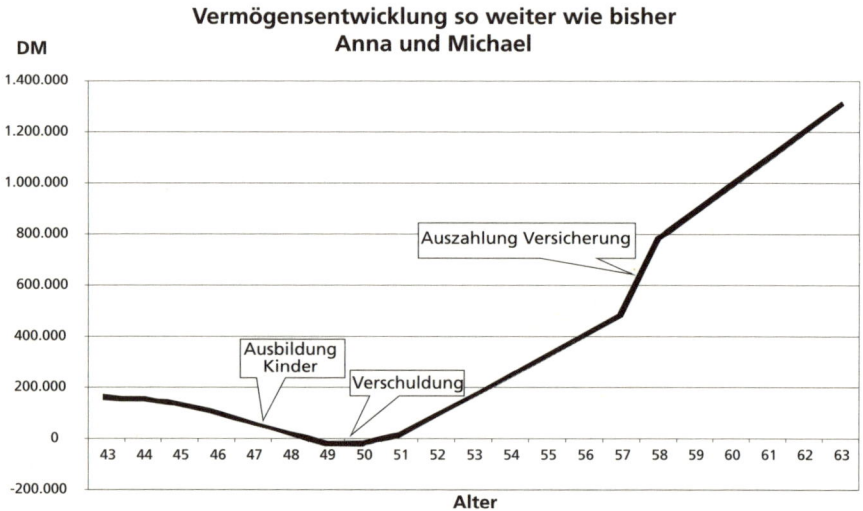

chael bei 156.000 DM gleichbleibt, bis zum Anfang des sechsten Lebensjahrzehnts ein Vermögen aufbauen.

Diese Variante zeigt vor allem eines: Die Ausbildung der Kinder, die eigentlich den Schmids sehr wichtig ist, hängt in der Luft. Der Widerspruch wird offensichtlich zwischen dem Wert, den Anna und Michael der Ausbildung beimessen und der finanziellen »Nichtvorsorge« für die Ausbildung. Es tröstet sie auch nicht, daß sie nach der Ausbildungsphase doch noch ein nettes Vermögen aufbauen könnten. Anna und Michael meinen, dies wäre das gleiche wie eine Wette eingehen, daß es tatsächlich so weitergeht wie bisher. Und dagegen spricht Michaels tägliche Berufserfahrung mit plötzlich auftretenden lebensbedrohenden Krankheiten.

Die Variante »Verringerung des Lebensstandards um 12.000« jährlich zeigt bereits, daß dies die Situation wesentlich verbessert. Das Vermögen wird auch in diesem Fall verringert, aber es bleibt selbst in der am meisten mit Bildungsausgaben belasteten Zeit noch ein Sicherheitsrest von 72.000 DM. Bei der Betrachtung dieser Zahlen sind beide der Ansicht, daß es doch

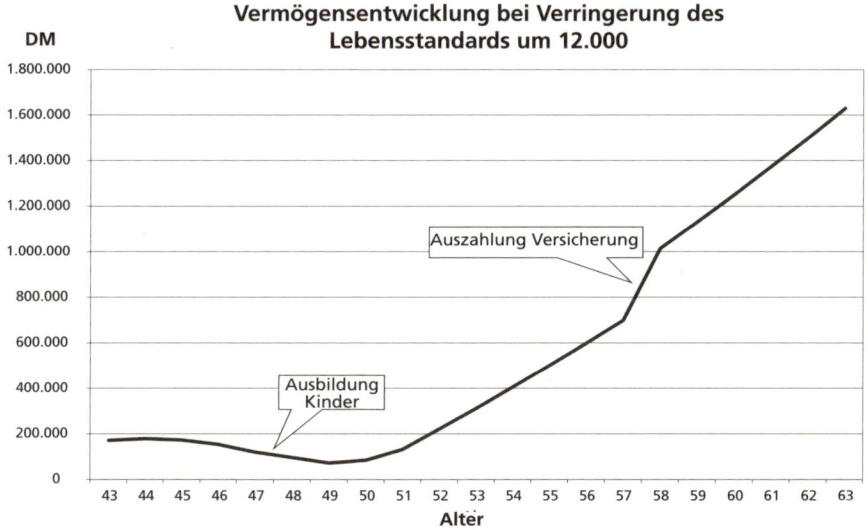

Vermögensentwicklung bei Verringerung des Lebensstandards um 12.000

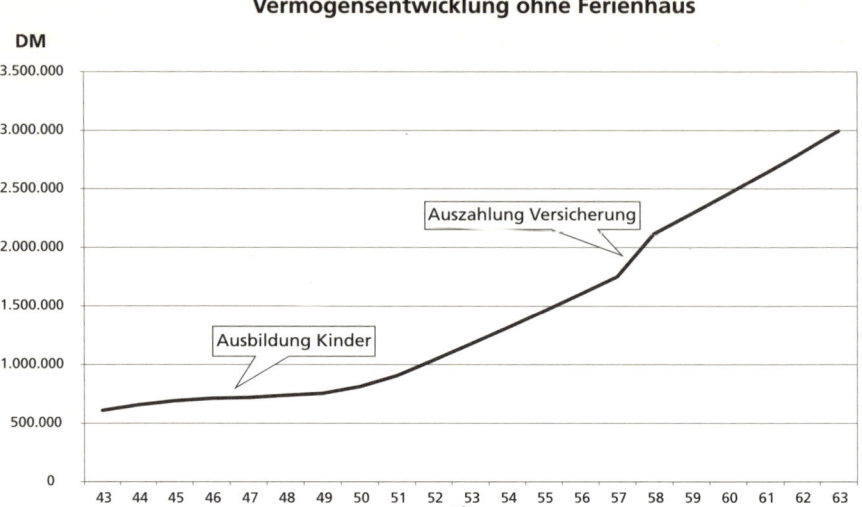

Vermögensentwicklung ohne Ferienhaus

wirklich möglich sein sollte, bei monatlichen Ausgaben von 18.600 DM 1.000 DM einzusparen, was weniger als fünf Prozent sind.

Als dritte Variante legt der Finanzplaner ein Kalkulation vor, wie die Schmids dagestanden wären, wenn sie die Ferienwohnung nicht gekauft hätten. Die rein finanziellen Vorteile sind doppelter Art. Zunächst fallen die jährlichen Hypothekarkosten von 35.000 DM weg. Das Vermögen von 400.000 DM verdient Geld. Demgegenüber entstehen bei dem Ferienhaus noch zusätzlich Unterhaltskosten. Der Vermögenswert Ferienhaus braucht also Geld und vermehrt sich nicht. Werden sonst alle Daten gleich gelassen, dann zeigt sich, daß das Vermögen der Schmids in zehn Jahren auf eine Million DM angewachsen wäre.

Die Betrachtung der drei Varianten löst bei Anna und Michael widersprüchliche Gefühle aus. Fast schämen sie sich ein wenig, daß sie mit dem Kauf des Ferienhauses eigentlich einen dummen Entscheid gefällt haben. Im Grunde können sie das Haus gar nicht in großem Umfang nutzen, denn beide haben wenig Zeit. Ob die Kinder tatsächlich jedes Jahr gern dort die

Ferien verbringen, ist auch nicht so sicher, je älter die Kinder werden. Außerdem könnte man schon mit den Hypothekarkosten allein jedes Jahr fürstliche Ferien machen.

Die Darlegung der Varianten bewirkt, daß Anna und Michael beginnen, für die Finanzen andere Prioritäten zu setzen. Zentral ist für sie die Ausbildung der Kinder. Wenn ihnen die Bildung ein so wichtiger Wert ist, dann sollte sich dies auch in der Gestaltung der Finanzen widerspiegeln. Der Finanzplaner braucht nicht speziell darauf hinzuweisen, daß sich die Schmids nicht auf Michaels weitere Einkommenssteigerungen verlassen können und sich dadurch ein zusätzliches Sparen von selbst ergäbe. Anna und Michael erschrecken über die Höhe der monatlichen Ausgaben für den Lebensstandard, als sie diese schwarz auf weiß vor sich sehen. Insbesondere auch deshalb, weil sie gemessen an ihrem Lebensgefühl, im Vergleich zu früheren Jahren mit einem wesentlich geringeren Budget, sich heute eigentlich gar nicht so viel besser fühlen.

Anna und Michael erkennen auch, wie wichtig Varianten zum Herausfinden des richtigen Entscheids sind. Hätte ihnen vor dem Kauf des Ferienhauses jemand die gleiche Rechnung gemacht, wäre der Entschluß vermutlich anders ausgefallen, sei es, daß sie ein wesentlich kleineres Ferienhaus gekauft hätten oder sich mit anderen im Kauf geteilt oder statt eines Hauses lieber ständig eine Ferienwohnung gemietet hätten. Ein wichtiger Hebel zur Verbesserung ihrer Finanzen liegt also darin, daß mit dem Ferienhaus etwas geschehen muß. Anna möchte am liebsten sofort verkaufen. Der Finanzplaner rät jedoch dazu, Varianten zu prüfen, auch wenn dies mit Aufwand verbunden sei. Er schlägt vor, sich zwei Jahre Zeit für einen definitiven Entscheid zu geben. Während dieser Zeit ist der Markt systematisch auf Verkaufsmöglichkeiten zu testen, für bestimmte Monate im Jahr feste Mieter zu suchen und/oder Familien, die ein Miteigentum anstreben. Die Aussicht, das Ferienhaus vielleicht in zwei Jahren nicht mehr zu haben, hat bei der Familie auch noch die Wirkung, nun doch in den nächsten zwei

Jahren möglichst viel Ferien dort zu verbringen.

Nach dem ersten Schreck sind Anna und Michael bereit, in die eher mühsame Phase der Kontrolle der Ausgaben einzusteigen. Der Finanzplaner nimmt zusammen mit Anna die verfügbaren Belege für Versicherungen, Telefon, Bankabrechnungen, Beiträge für Sport und andere Aktivitäten als Ausgangspunkt für die Aufstellung eines Budgets. Ausgaben für Essen, Kleiden und Individuelles setzt er aufgrund von Erfahrungszahlen ein. Es wird festgelegt, daß monatlich rund 1.000 DM weniger ausgegeben werden sollen als bisher.

Für die individuell beeinflußbaren Ausgaben werden Vorgaben gemacht. Die Eltern entschließen sich, jedes ihrer drei Kinder finanziell gleich zu behandeln, denn altersmäßig sind sie mit 15 bis 17 Jahre nicht so weit auseinander. Sie gehen auch alle drei in den gleichen Schultyp, so daß keine stark unterschiedlichen Aufwendungen anfallen. Sie entschließen sich auch, die Kinder als »finanziell« eigenständig zu behandeln und ihnen die

Was	jährlicher Betrag	Bemerkung
Kleiderbudget	1.200 DM	quartalsweise werden 400 DM auf das Konto überwiesen
Sport und Freizeit einschließlich Clubbeiträge	1.000 DM	halbjährliche Überweisung von 500 DM
persönliches Taschengeld	2.400 DM	monatliche Überweisung von 200 DM
Essensgeld während der Schulzeit (die Kinder essen in der Mensa der Schule) und Kleinausgaben, wie Hefte etc. für die Schule	3.600 DM	monatliche Überweisung von 300 DM wird auch während der Ferien ausbezahlt, sozusagen als Feriengeld. Größere Ausgaben für Bücher und Schulreisen werden von den Eltern bezahlt aufgrund von Belegen und Rechnungen

Verantwortung für ihre persönlichen Ausgaben zu überlassen. Jedes Kind erhält ein eigenes Konto.

Es wird zusammen mit den Kindern unter der Moderation des Finanzplaners, der mit Erfahrungswerten und Beispielen zur Seite steht, folgender Ausgabenplan festgelegt:
Die Eltern verabreden mit den Kindern einmal im Quartal ein Gespräch über die finanzielle Lage. Dazu gehört auch, daß sie mit Einverständnis der Kinder einen Blick auf deren Kontoauszüge werfen können. Umgekehrt kennen die Kinder das gesamte Budget der Eltern, so daß allen der finanzielle Rahmen klar ist. Für Ferien wird ein Betrag von 18.000 DM eingesetzt, wobei 15.000 DM für Familienferien reserviert sind und 3.000 DM für Anna und Michael. Michael übernimmt das Management der Ferienkosten und der Ausgaben für das Auto. Anna obliegt das Einteilen der Ausgaben im Rahmen der verschiedenen Budgetposten. Sie entscheidet sich dabei für jene Methode, die auch schon die Großmütter kannten, nämlich in verschiedenen Couverts die entsprechenden Beträge zu ordnen: Anfang des Monats werden die Couverts mit den entsprechenden Beträgen gefüllt für Essen, für Kleinanschaffungen und Extras. Die Kreditkarte wird nur noch für Kleider benützt, dann können die Ausgaben bei der monatlichen Rechnung nachgeführt werden.

In den verschiedenen Konten wird Ordnung gemacht. Anna und Michael haben je ein Privatkonto auf das ihr persönliches Taschengeld in Höhe von 7.000 DM jährlich für Kleider und individuelle Ausgaben kommt, bei Anna noch zusätzlich die Ausgaben für ihre Ausbildung.

Gemeinsam haben sie ein Privatkonto, darauf wird das Gehalt überwiesen und der Zahlungsverkehr gesteuert. Dann wird ein Sparkonto für besondere Ausgaben wie Steuern, Reisen reserviert und schließlich ein Depot für Wertschriften mit dem entsprechenden Konto für Transaktionen im Zusammenhang mit Wertschriften eröffnet. Michael wandelt seine persönliche Lebensversicherung in eine Studienversicherung für die Kinder um und erhöht die Summe um die im Lebensstandard eingesparten 12.000 DM jährlich. Anfänglich macht es Mühe, die Daueraufträge für die Überweisungen auf die Konten der Kinder, Sparkonto und persönliche Konten von Anna und Michael zu überwachen. Kurzfristig läuft auch nicht alles ganz glatt. Aber dank der Kontrollgespräche mit dem Finanzplaner alle zwei Monate werden die Finanzen handhabbar. Es werden auch Anpassungen im Budget vorgenommen. Dies ist notwendig, denn bei der Planung ging man ja nicht von konkreten Ist-Zahlen aus.

Der Einübungsprozeß hat insgesamt ungefähr ein Jahr beansprucht. Interessant war, wie unterschiedlich die Kinder mit ihren Finanzen umgingen. Insbesondere der jüngste, Daniel, erwies sich als Spargenie. Ende des Jahres hat er auf seinem Konto bereits 3.000 DM angesammelt. Er hat mit Nebenjobs seine persönlichen Ausgaben weitgehend finanziert. Barbara hat ihre persönlichen Prioritäten gesetzt, sozusagen alles für das Pferd und Reitstunden, dafür gab sie nur das absolut notwendige Minimum für Essen und Kleider aus. Christian dagegen hält sich ziemlich an die Budgetvorgaben und ist zufrieden damit.

Für das Ferienhaus sind verschiedene Möglichkeiten in Sicht. Am vielversprechendsten ist ein Miteigentum von einer Cousine, die noch kleinere Kinder hat. Der Steuerberater wird in eine mehrjährige Planung einbezogen. Denn auch mit der Ausbildung und vielleicht später selbständigen Tätigkeit von Anna stehen neue Möglichkeiten für eine Steueroptimierung offen.

Insgesamt ist das vage Unbehagen von Anna und Michael über ihre finanzielle Zukunft verschwunden. Die Einstellung zu ihren Finanzen hat sich geändert. Inzwischen finden sie, daß Kenntnisse über Finanzen so zum heutigen Leben gehören wie die Beherrschung von Verkehrsregeln. Der Prozeß der Planung hat gezeigt, daß auch Finanzen nach den Prioritäten im Leben einzuteilen sind. Eine wichtige Priorität ist die Ausbildung der Kinder, die aufgrund des eher spontanen Entscheids für das Ferienhaus fast zunichte gemacht worden wäre.

WIE WENDEPUNKTE VON LEBE-HEUTE-MENSCHEN GEMEISTERT WERDEN

Albert Müller; Finanzpotential: überdurchschnittlich; Investitionsverhalten: ausgabenorientiert; Entscheidungsverhalten: zielorientiert; Kommunikationsebene: geschäftsmäßig. Er ist 54 Jahre und steht vor einer beruflichen Krise. Es fing einmal alles gut an, seit seiner Lehrzeit ist er bei einer großen Versicherung tätig. Er kletterte die Karriereleiter schrittweise hoch und erreichte eine Position im mittleren Management. Der Einkommenszuwachs verlief stetig. Seine beruflichen Umstände hielt er für stabil. Wirtschaftliche Rückschläge waren in seiner Branche bis vor wenigen Jahren nicht spürbar. Jedoch erlitt auch seine Firma in den letzten Jahren Einbußen und geriet unter starken Konkurrenzdruck. Die Folge waren zwei größere Reorganisationen und der Zusammenschluß mit einer anderen Gesellschaft. Jedesmal wurde die Arbeitslast für Albert Müller größer und das Arbeitsklima verschlechterte sich. Eigentlich hat er von der Verteidigung seines Arbeitsplatzes genug und möchte aussteigen. Er überlegt, ob er einen Wechsel von seiner angestellten zu einer selbständigen Tätigkeit wagen kann. Mit Kollegen aus Banken und Versicherungen, die in einer ähnlichen beruflichen Situation wie er selbst sind, diskutiert er über ein Beratungsbüro für Bank- und Versicherungsprodukte, zusammengefaßt unter »Allfinanz«.

Albert Müller fürchtet die finanziellen Konsequenzen eines Berufswechsels. Er hat kein größeres finanzielles Polster aufgebaut. Sein wichtigstes Kapital steckt in der Pensionskasse, er kann eine gute Rente erwarten. Er möchte auch weiter für die Ausbildung seines Sohnes Roman, 21 Jahre, sorgen. Er ist verheiratet, seine Frau Ursula hat Damenschneiderin gelernt. Sie übte ihren Beruf bis zur Geburt des Sohnes in einem renommierten Modehaus aus. Die Familie wohnte in einem eigenen Reiheneinfamilienhaus. Sie bauten ein kleines Vermögen von 400.000 DM auf. Als der Sohn vor vier Jahren auszog, wurde das Haus für 550.000 DM verkauft. Allerdings betrug ihr Nettoerlös nur 100.000 DM, denn die Hypothek von 450.000 DM wurde früher nicht amortisiert. Sie meinten damals, die steuerlichen Vorteile der höheren Verschuldung ausnützen zu müssen. Außerdem erhielt Albert Müller damals bei seiner Versicherung einen um ein Prozent günstigeren Zinssatz für die Hypothek als am Markt gültig. Das Ehepaar kaufte sich dann eine Attikawohnung. Diese wurde luxuriös renoviert, die Inneneinrichtung wurde zum Hobby von Ursula Müller, sie konnte damit den Auszug des Sohnes kompensieren. Insgesamt wendeten sie für die Eigentumswohnung 900.000 DM auf. Ihr Vermögen von 400.000 DM wurde dadurch bis auf einen Rest von 120.000 DM als Eigenkapital für die Wohnung verwendet. Diesen Betrag setzte Albert Müller für eine Einmaleinlage in eine Versicherung ein, da seine Firma besonders günstige Vorteile für Mitarbeiter beim Abschluß geboten hatte. Sie wird in zehn Jahren zur Auszahlung fällig.

Der Entscheid für den Kauf der Attikawohnung fiel kurz vor dem Einbruch in der Versicherungsbranche. Albert Müller ging damals davon aus, daß es in seinem Beruf und bei der Einkommensentwicklung so weiter gehen würde, wie aus der Vergangenheit bekannt. Die Finanzen der Familie liegen in der Hand von Albert Müller. Ursula überließ diese ihm auch fraglos, denn sie war der Ansicht, daß er schon durch seinen Beruf sehr viel besser dafür qualifiziert sei.

Die Attikawohnung wurde zu einem Zeitpunkt gekauft, als die Immobilienpreise auf einem Höchststand waren. Inzwischen sind die Preise um durchschnittlich 20 Prozent gesunken. Die Wohnung der Müllers gehört eher in die Kategorie der Liebhaberobjekte, insbesondere ist die Innenausgestaltung auf die Vorlieben der Müllers zugeschnitten, so daß es schwierig sein dürfte, einen Käufer mit ähnlichen Wünschen zu finden. Die Wahrscheinlichkeit ist hoch, daß die Müllers bei einem Verkauf heute weniger als die von ihnen insgesamt aufgewendeten 900.000 DM erzielen würden. Der Hypothekarkredit beträgt 720.000 DM. In der Aufstellung für das Finanzvermögen wird deshalb das Nettovermögen des Hauses mit Null eingesetzt. Die Aufstellung über das persönliche Finanzvermögen weist somit insgesamt nur 120.000 DM aus und diese sind nicht frei verfügbar.

Albert Müllers Auswertung der Geldpersönlichkeit zeigt eine Lebe-heute-Mentalität. Das Finanzpotential wird mit »überdurchschnittlich« angegeben. Albert Müller hat seine Fähigkeiten in seinem spezifischen Arbeitsumfeld ausgeschöpft. Dies zeigt sich in einem guten Einkommen, dem Bonus und der Aussicht auf eine gute Rente. Allerdings war die persönliche Weiterbildung nur auf seine eigene Firma bezogen. Seine Kenntnisse und Erfahrungen sind vor allem für die eigene Firma nutzbar. Er hat bisher nie seine Attraktivität für andere Arbeitgeber getestet. Bei einem Stellenwechsel ist realistisch, daß er von einer längeren Suchzeit ausgehen müßte. Ein Wechsel nach dem fünfzigsten Lebensjahr ist in der heutigen Arbeitswelt außerdem mit einem Vorurteil behaftet. Es wird Jugend und das neueste Wissen geschätzt, die Berufserfahrung zählt wenig. Seine finanzielle Entwicklung in der eigenen Firma sieht er auch in dem Sinne pessimistisch, als der Aufwärtstrend aus der Vergangenheit sicher nicht anhält, sondern die künftigen Löhne eher tiefer sein könnten.

Der Ist-Zustand des Vermögens zeigt, daß er sein an sich vorhandenes Potential nicht zum Aufbau eines Vermögens genutzt hat. Jede Erhöhung des Einkommens wurde mit einer Erhöhung der Ansprüche, sprich Ausgaben beantwortet. Wichtig ist die elegante Wohnung, die von Frau Müller gern gepflegt wird. Das Auto einer Edelmarke genießt ihre Wertschätzung, auch dieses ist ständig auf Hochglanz poliert. Die Ausgaben für Kleidung betreffen zu zwei Dritteln Albert Müller; Ursula schneidert ihre Kleider selbst. Die Ausgaben für das persönliche Wohlbefinden, wie Unterhaltung, Reisen und Hobbys, sind vergleichsweise gering. Albert Müller sieht den Grund weniger in den Finanzen als im Beruf. Dieser läßt ihm keine Zeit für Ferien und die Pflege von Liebhabereien.

Ohne die Bonuszahlungen könnten die jährlichen Ausgaben nicht finanziert werden. Der Lebensstandard für das Ehepaar, ohne Steuern und ohne Zuschüsse für die Ausbildung des Sohnes, macht bereits 77 % des Lohneinkommens ohne Bonus aus. Gegenüber ihrem Sohn Roman haben sich die Eltern verpflichtet, während fünf Jahren eine monatliche Unterstützung von 2.000 DM zu leisten. Er macht in der Fachhochschule eine Design-Ausbildung. Das Einkommen mit Bonus geht für Steuern und für die Unterstützung des Sohnes mit 24.000 DM gerade auf. Allerdings ist das Budgetgleichgewicht labil. In der Firma gibt es Diskussionen, daß künftig der Bonus nicht mehr in bar, sondern in Form von Aktien an der Firma ausbezahlt wird. Diese würden mit einer Sperrklausel für den sofortigen Verkauf versehen. Für Albert Müller würde dies heißen, daß er erst einmal drei Jahre warten muß, bis er sie zu Bargeld machen kann. Die Steuerbelastung beträgt knapp 30 Prozent des Bruttoeinkommens. Albert Müller hat wenig Möglichkeiten, die Steuern zu verringern. Dies ist für ihn auch mit ein Grund, warum er mit dem Gedanken einer selbständigen Tätigkeit spielt. Er meint, daß der steuerliche Spielraum dann wesentlich größer sei.

Es schien ihm bislang nicht wichtig, für die Wechselfälle des Daseins vorzusorgen. Er interessiert sich persönlich nur für einen kurzen Zeithorizont. Dies mag erstaunen, denn zentrales Thema seiner Branche ist die Vorsorge gegen Risiken des Daseins. Außerdem dominiert in der Versicherung auch die lange Frist. Das Phänomen ist jedoch häufig, daß das berufliche Wissen eher selten auf das persönliche Verhalten angewandt wird. An sich hätte Albert Müller dank Ausbildung und Berufserfahrung, gepaart mit den weiteren Merkmalen seiner Geldpersönlichkeit (zielorientiert und sachlichen Argumenten zugänglich), die Voraussetzungen gehabt, Vermögen aufzubauen. Was fehlte, war ein Ziel und die Ergänzung seiner Lebe-heute-Mentalität mit einem längerfristigen Planungshorizont. Dann könnten auch Wechselfälle des Daseins besser bewältigt werden.

Ursula Müller hat während dreier Monate die täglichen Ausgaben notiert. Sie hat erkannt, daß bei den Ausgaben für die Aufstockung des Weinkellers, für Essen und Einladungen Einsparungen ohne spürbare Einbußen an Lebensqualität möglich sind. Diese könnten nach ihrer Einschätzung rund 2.400 DM ausmachen. Vielleicht kann ihr Mann sein Kleiderbudget reduzieren, so daß noch einmal 2.000 DM zusammenkämen. Der Wagen ist nur mit Verlust gegen ein kleineres Modell einzutauschen, und dafür ist ihr Mann nicht bereit. Er meint, er müsse wegen seiner beruflichen Repräsentationspflichten ein gewisses Auftreten haben. Der andere große Posten, die Zinsen für den Hypothekarkredit, ist nicht sofort kürzbar. Die Tatsache, daß die Fixkosten für die Müllers nicht beeinflußbar scheinen, blockieren

Übersicht über Ausgaben von Albert Müller für den Lebensstandard

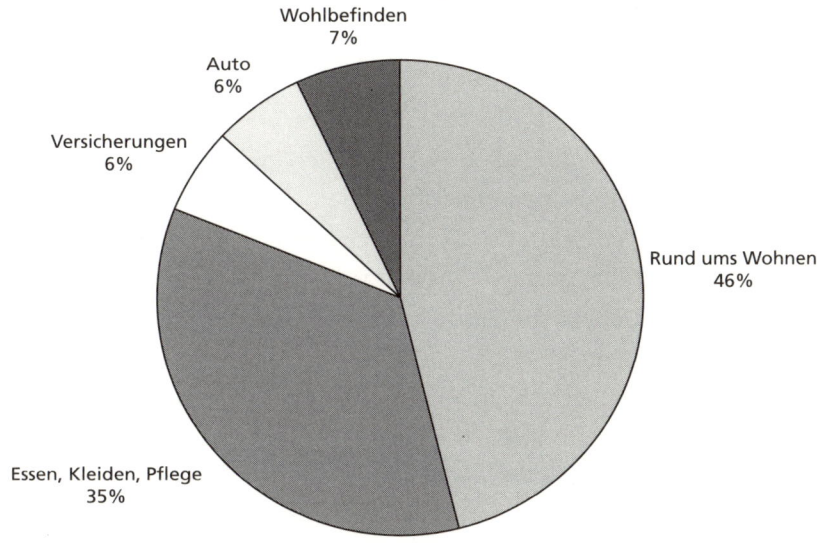

Wohlbefinden 7%

Auto 6%

Versicherungen 6%

Rund ums Wohnen 46%

Essen, Kleiden, Pflege 35%

zunächst eine Umgestaltung ihres jährlichen Budgets. Die Handlungsmöglichkeiten werden erst im Verlauf des Planungsprozesses klarer.

Bis zum Erreichen des Pensionsalters bleiben Albert Müller noch zehn aktive Jahre. Obwohl man normalerweise zehn Jahre als Planungshorizont wählen würde, scheinen im Fall von Albert Müller die zehn Jahre vor der Pensionierung als Perspektive nicht ausreichend. Vieles ist schon gelaufen und kann kurzfristig nicht mehr geändert werden. Albert Müller trägt ziemlich schwer an seinem Rucksack aus der Vergangenheit. Es ist deshalb vernünftig, daß er seinen Planungshorizont auf seine gesamte durchschnittliche Lebenserwartung von 28 Jahren ausdehnt.

Als sich die Müllers intensiv mit dem Ausfüllen des Wunschtopfes beschäftigen, wird klar, daß sich viele Wünsche auf mehr Freizeit beziehen. Das persönliche Wohlsein kam in der Vergangenheit zu kurz. Es ist besonders von Reisen die Rede. Sie denken, daß, wenn sie das heutige Reisebudget von 4.000 DM aufstocken könnten, vielleicht um 6.000 DM, das Leben dann rosiger aussehen würde. Für die Pensionsjahre würde ihnen ein Haus oder Hausteil im Süden am Meer gefallen, sie kennen Bekannte, die dies für 150.000 DM bekommen haben.

Ein wichtiger Wunsch für Albert Müller ist, beruflich noch etwas Neues zu beginnen. Albert Müller spielt mit dem Gedanken, seine heutige Beratungstätigkeit nicht mehr angestellt, sondern als Selbständiger auszuüben. Die ständigen Wechsel in der Organisation haben ihn führungsmüde gemacht. Albert Müller und zwei Kollegen in einer ähnlichen Lage beginnen, ihre möglichen Geschäftsfelder zu definieren. Jeder bringt Ausbildung und Erfahrung auf dem Gebiet der Finanzen mit, sei es in Banken oder Versicherungen. Damit läßt sich ein interessantes Paket für eine umfassende Beratung – Allfinanz – schnüren. Die Definition des Produkts, also der Dienstleistung, macht den drei Partnern keine Mühe. Es ist dies auch der Teil, der ihnen am leichtesten fällt, und sie verwenden viel Zeit auf die Erstellung einer schönen Werbebroschüre. Auch die Vorstellungen über den Standort des Büros, die Einrichtung und technische Infrastruktur, insbesondere Computerausstattung, sind klar, die Kosten dafür kalkulierbar. Weit weniger präzis sind die drei Partner – und dieser Punkt wird zunächst auch nicht so beachtet – in der Überlegung, wo die Kunden herkommen sollen. Die drei gehen davon aus, daß, wenn das Büro Allfinanzberatung seine Türen öffnet, sofort die Kunden hereinströmen und jeder praktisch seine Arbeit, die er heute angestellt tut, in einer selbständigen Tätigkeit fortsetzen kann. Es fehlt die Erfahrung eines selbständigen Unternehmers. Die Aufstellung eines Businessplanes zusammen mit einem Berater aus der Branche führt ihn und seine Kollegen jedoch zur Einsicht, daß ihre Umsatzannahmen zwar für ein etabliertes Unternehmen durchaus zutreffen, daß sich der Erfolg jedoch nicht sofort – oder höchstens mit viel Glück –, sondern erst in einem Zeithorizont von zwei bis sieben Jahren einstellt. Der Berater kennt die Branche und er kann anhand von vielen Beispielen belegen, wie lange heute erfolgreiche Beratungsbüros brauchen, um in die Gewinnzone zu kommen. In den ersten beiden Aufbaujahren haben sich viele Neuunternehmer keinen Lohn auszahlen können.

Für die Partner fällt die Einsicht schwer, daß der Wechsel von angestellt zu selbständig mit einem möglicherweise mehrere Jahre anhaltenden Einbruch im Einkommen verbunden sein könnte. Aber die Zahlen sprechen eine nüchterne Sprache. Jeder müßte ein Bruttohonoraraufkommen von mindestens 300.000 DM erzielen, um die Fixkosten und einen Lohn von 120.000 DM brutto tragen zu können. Wenn pro Kunde mit einem Honoraraufkommen von 5.000 DM gerechnet wird, dann wären dies im Jahr 60 Kunden. Als Albert Müller seine heutigen Kunden durchgeht, die vielleicht zu der neuen und kleinen Firma kommen würden, bringt er nur knapp die Hälfte zusammen, mit denen er für den Start einigermaßen sicher rechnen könnte. Nach ein paar vorsichtigen Recherchen bei seinen Stammkunden wird ihm auch bewußt, daß es vermutlich noch weniger sein würden, denn eine junge Firma strahlt nicht die Sicherheit eines großen Konzerns aus.

95

Die Planungsübung läßt erkennen, daß der Aufbau einer selbständigen Tätigkeit sorgsam vorbereitet sein will. Das wichtigste sind die Kunden. Dann kommt die besondere und spezielle Dienstleistung. Beide Voraussetzungen erfüllt die geplante Firma nur bedingt. Hinzu kommt noch die Frage des Startkapitals. Nur einer der drei hat genügend Startkapital auf der Seite, um sowohl Gründungskosten, wie Büro und Infrastruktur, zu finanzieren, als auch drei Jahre ohne Lohnzahlungen durchhalten zu können, ohne daß er sein ganzes Vermögen aufs Spiel setzen muß. Einer der Partner hat eine Ehefrau mit regelmäßigem Einkommen, und die Kinder sind bereits mit abgeschlossener Lehre aus dem Haus.

Albert Müller ringt sich nach vielem Hin und Her zu der Erkenntnis durch, daß bei einem Wechsel in die Selbständigkeit die Finanzierung seines Lebensstandards für zwei Jahre, also rund 200.000 DM, aus anderen Quellen kommen muß. Nur woher kann er dieses Startkapital bekommen? Er überlegt, ob er sein angesammeltes Pensionskapital dazu teilweise verwenden könnte. Allerdings würde dies seine Rentenansprüche später drastisch kürzen. Ob er angesichts seines Alters und der unsicheren Zukunftsaussichten einer selbständigen Tätigkeit in der Lage ist, die Entnahme aus seiner Vorsorge wieder auszugleichen, ist höchst unwahrscheinlich. Er verwirft diese Variante. Der Verkauf der Attikawohnung ist angesichts der Flaute auf dem Immobilienmarkt nur mit Einbußen möglich und bringt auch wegen der hohen Hypothekarbelastung nicht genug Bargeld. Dies wäre höchstens ein Weg, die jährlichen Ausgaben zu senken. Mit der Versicherung ist er ebenfalls gebunden, sie wird erst in zehn Jahren fällig. Eine vorzeitige Kündigung bedeutet einen Verlust. Er könnte sie auch belehnen, jedoch erhöhen die Zinszahlungen wieder die jährlichen Ausgaben. Albert Müller denkt auch an seine familiären Verpflichtungen, wie die Ausbildung seines Sohnes.

Die nüchterne Durchleuchtung seiner finanziellen Lage zeigt Albert Müller, daß er sich etwas vormacht, wenn er glaubt, sich heute in kürzester Zeit

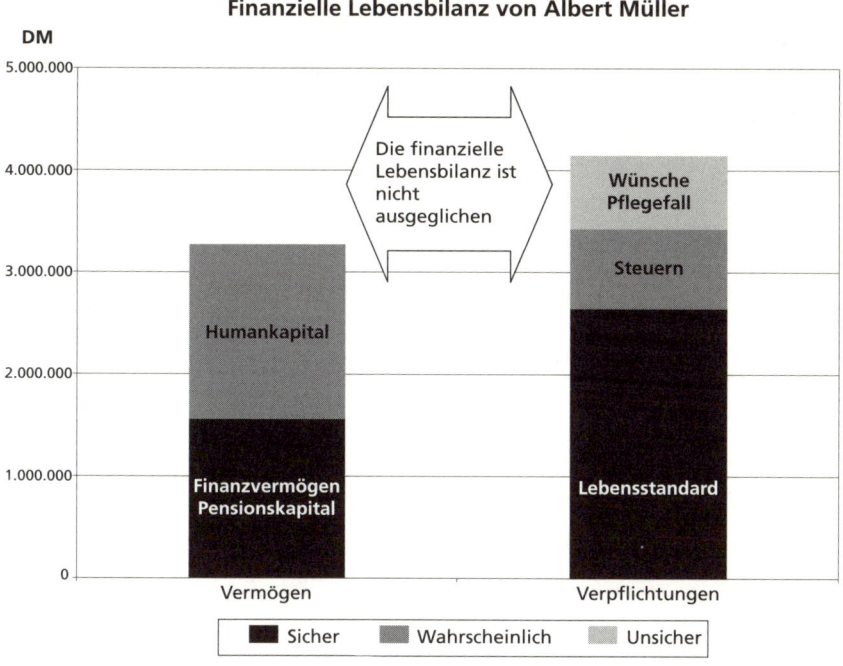

Finanzielle Lebensbilanz von Albert Müller

erfolgreich selbständig machen zu können. Diese Einsicht führt ihn dazu, sich bei seinem Arbeitgeber umzusehen, welche Möglichkeiten für einen Wechsel offenstehen. Die Umstrukturierung hat bei den Versicherungen auch zur Überprüfung ihres Vertriebsnetzes geführt. Die eigenen General- agenturen werden in selbständige Einheiten umgewandelt, wobei die alte Firma einer der wichtigsten Lieferanten für Versicherungsprodukte bleibt. Für diese Tätigkeiten wird ein Coach gesucht, der sicherstellt, daß die Zu- sammenarbeit zwischen dem früheren Arbeitgeber und den neuen selb- ständigen Büros reibungslos funktioniert. Die Aufgabe beinhaltet die gute Kenntnis der eigenen Organisation. Diese bringt Albert Müller mit. Es wird weiter eine gewisse Lebenserfahrung gesucht, für die das Alter von Albert Müller ein Vorteil ist. Das Angebot an Albert Müller beinhaltet eine Loh- nerhöhung von 10.000 DM, allerdings eine wesentlich geringere Aussicht auf Bonuszahlungen zwischen 10.000 DM und 15.000 DM. Die neue Auf-

gabe ist insgesamt eher nach innen gewandt, Repräsentation und Kunden-
pflege werden weniger verlangt. Damit wird auch die zeitliche Beanspru-
chung geringer. Ferien sind besser planbar. Die Rentenleistung wird nicht
beeinträchtigt. Albert Müller willigt ein. Er sieht darin wieder eine Berei-
cherung seiner Arbeit, denn seine langjährige Kenntnis der Firma und vor
allem der Mitarbeiter kann er auf eine neue Art und Weise verwenden.
Außerdem gibt ihm dies Gelegenheit, die Arbeit der selbständigen Versi-
cherungsberater zu beurteilen, und wer weiß, vielleicht kann er später
noch in eines dieser Büros einsteigen. Die geplante Dreierpartnerschaft
wird aufgegeben. Die Kollegen sehen, daß sie jeweils eine sehr unterschiedliche persönliche und finanzielle Ausgangslage mitbringen. Damit
wären auch Spannungen vorprogrammiert.

Nach diesem Entscheid ist Albert Müller zusammen mit seiner Frau bereit,
seine Finanzen besser in den Griff zu bekommen. Gemeinsam beschließen
sie, ihre beeinflußbaren Ausgaben zu kürzen. Der Lebensstandard kann
bei der zweiten Überprüfung um 13 % verringert werden. Ursula Müller
nimmt sich neu dieser Aufgabe an. Der Sohn Roman wird in die Diskussion
einbezogen. Er macht sogar den Vorschlag, für ein bis zwei Jahre wieder in
die elterliche Wohnung einzuziehen, er hat sich gerade von seiner Freun-
din getrennt. Dies würde die Unterstützungsleistung um 700 DM monatlich kürzen. Die Eltern verabreden jedoch, diesen Betrag auf ein Fonds-
sparkonto, je zu 50 % in Aktien und 50 % in Obligationen, einzuzahlen, so
daß der Sohn bei einem neuerlichen Auszug ein Startkapital zur Verfügung hat.

Die Einsparungen in der Lebenshaltung und die Reduktion der Steuern infolge des geringeren Gesamteinkommens bewirken, daß der Familie insgesamt jährlich noch ein Sparen von rund 10.000 DM möglich wird. Dies entspricht sieben Prozent des künftigen Einkommens von Albert Müller. Dieser Betrag wird nebst dem Sparen für Roman für den Aufbau eines
Vermögens genutzt. Dafür wird ein Fondssparplan gewählt, der jedoch zu-

nächst keine Aktien enthält, denn wenn das Projekt der Firma, den Bonus über Aktien auszuzahlen, gewählt wird, finden Müllers, daß sie ihre Aktienquote, wenn auch einseitig ausgerichtet, genügend hoch ausgeschöpft haben. Das Konto erhält den Titel »Ferienhaus am Meer mit 65«.

Ursula Müller plant, daß sie ihren Beruf, den sie bislang nur für die persönliche Garderobe genutzt hat, in kleinen Schritten auch Modehäusern und Bekannten anbieten will. Sie tut dies noch eher im stillen, sie will erst ein paar Erfolge, bevor sie ihrem Mann davon erzählt. Außerdem richtet sie dafür ein eigenes, persönliches Konto ein, bisher war alles gemeinsam. Die Planungsübung hat ihr gezeigt, daß eine gewisse finanzielle Eigenständigkeit von Vorteil ist. Die Vorstellung, ohne jedes eigene verfügbare Geld dazustehen, wenn sich ihr Mann tatsächlich selbständig gemacht hätte, hat sie aufgeschreckt. Ursula Müller gewinnt sogar Interesse an Finanzen; inzwischen ist sie Mitglied eines Investmentclubs für Frauen.

Der Planungshorizont schließt auch das hohe Alter ein, es werden für einen möglichen Pflegefall in der Planung 120.000 DM eingesetzt.

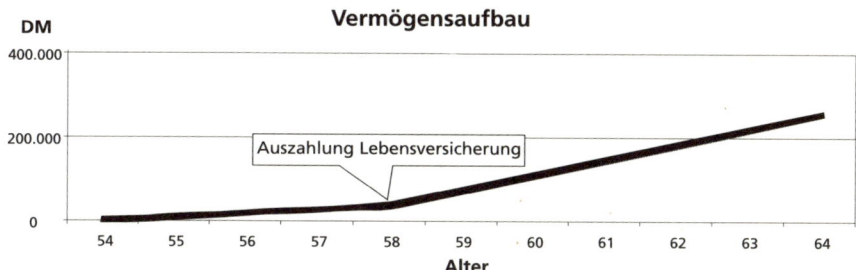

Die Rechnung zeigt, daß bis zur Pensionierung ein Vermögen von fast 400.000 DM aufgebaut werden kann. Ein Pflegefall im hohen Alter muß allerdings mit anderen Mitteln abgedeckt werden.

Insgesamt hat der Planungsprozeß und die bessere Kenntnis der eigenen Geldpersönlichkeit für Albert Müller zur Folge, daß sich einige seiner Vorstellungen – selbständige Tätigkeit – als unrealistisch erwiesen haben. Das war zunächst eine bittere Erkenntnis. Der Nutzen liegt jedoch darin, daß die Lebensprioritäten anders gesetzt werden und wieder ein – wenn auch zunächst bescheidender – Vermögensaufbau in Gang kommt. Beruflich werden neue Chancen gesehen.

4. IHR PERSÖNLICHER FINANZPLAN

PLANEN IST EIN PROZESS

Die Kenntnis der eigenen Geldpersönlichkeit bringt Sie schon ein Stück weiter, aber, wie auch die Fallbeispiele zeigen, noch nicht zum Ziel. Also geht es in diesem Kapitel darum, wie Sie Ihre finanzielle Lage konkret verbessern können. Die Aufstellung eines Finanzplanes benötigt etwas von Ihrer Zeit. Denken Sie aber daran, daß später das Geld für Sie arbeiten wird.

In dieses Kapitel sind zahlreiche Übungen integriert. Lesen Sie es mit dem Bleistift in der Hand, und notieren Sie Ihre Ergebnisse und Ansichten zum Thema. Der Hauptnutzen der Planung liegt darin, daß Sie finanzielle Entscheidungen nicht ad hoc und nur für den Einzelfall treffen, sondern Ihren Entscheid im Gesamtzusammenhang sehen. Nehmen wir an, Sie haben 100.000 DM aus Erbschaft oder als Bonus erhalten. Zunächst denken Sie nur daran, dafür eine vielversprechende Anlage zu suchen. Im Prozeß wird sich jedoch herausstellen, daß vielfältige Anforderungen an diese 100.000 DM gestellt werden, wie zum Beispiel einen Teilbetrag als Notgroschen zur Seite zu legen, den Sie schon lange verfügbar haben wollten. Einen anderen Teilbetrag möchten Sie für den Vermögensaufbau nutzen, einen dritten für Wünsche auf eine mittlere Frist verfügbar halten. Übersetzt in Finanzprodukte würde dies nun bedeuten, ein Drittel auf das Sparheft (Notgroschen) zu legen, ein weiteres Drittel in festverzinsliche Wertpapiere zu stecken und damit auch eher verfügbar zu haben und schließlich ein Drittel in Aktien mit der höchsten Langfristrendite anzulegen.

Vielleicht konnten Sie die Beispiele überzeugen, daß das Planen der Finanzen nicht mühselig sein muß, sondern spannend wird. Versuchen Sie auch beim Planen, Ihre Persönlichkeit ins Spiel zu bringen. Es gibt solche, die gern planen. Diese werden die Übungen sogar noch weiter verfeinern. Jene die einen kräftigen Impuls brauchen, fangen am besten zunächst einmal mit dem dritten Schritt, nämlich mit den Wünschen auf den Seiten 150-156 an. Lassen Sie sich von der Wirkung überraschen.

Teilen Sie den Prozeß in drei Schritte Planen beginnt immer mit einer soliden Bestandsaufnahme der Ausgangslage. Oft ist man geneigt, diesen ersten Schritt schlampig auszuführen. Man baut Widerstände auf, sich genau mit seiner heutigen Lage auseinanderzusetzen. Schließlich ist das Ziel ja nicht das Erkennen des Ist, sondern die Verbesserung des heutigen Zustandes. Warum soll man Zeit aufwenden, nur um das Bestehende sorgfältig aufzulisten. Auch wenn diese Unlustgefühle verständlich sind, ist eigentlich jedem klar, daß ohne Kenntnis der Ausgangslage der Weg zum Ziel nicht gefunden werden kann.

Widerstände hin oder her, der Planungsprozeß muß durchlaufen werden. Hilfreich ist, den Planungsablauf in Etappen einzuteilen. Es ist jedoch nicht zwingend, daß jeder Schritt stur erst abgeschlossen sein muß, bevor man zur nächsten Etappe geht. Für jeden Schritt erarbeitet man zunächst einige Grundinformationen; geht dann wieder zum Anfang zurück, präzisiert, ändert und verfeinert. Dann durchläuft man den Prozeß ein weiteres oder gar mehrere Male. Dies scheint auf den ersten Blick eine wenig effiziente Methode. Unser kulturelles Umfeld suggeriert eher, daß etwas fertig abgeschlossen sein muß, wir sind gewissermaßen an fertige Produkte gewöhnt. In Kapitel 2 wurde jedoch gezeigt, daß die persönlichen Verhaltensweisen im Umgang mit Geld schaden oder nutzen können. Verhalten ändert sich nicht von heute auf morgen. Es ist wie beim Sport. Man baut nicht von heute auf morgen eine gute Kondition auf.

Deshalb ist es zweckmäßig, Planung als Prozeß aufzufassen. Daß diese Sichtweise nicht selbstverständlich ist, zeigt sich in der Beratung immer wieder. Die meisten Menschen kommen als erstes mit der Frage, ob die Aktie X oder Y besser sei, ob sie die Lebensversicherung Z abschließen sollen, oder welche Form des Hypothekarkredits zu wählen und welche Bank geeignet sei. Es geht meist nur um das »Wie« und nicht um das »Was«. Selten formuliert jemand seine persönlichen finanziellen Wünsche und Ziele konkret und fragt, wie er dahin kommen kann. Aber das perfekte Produkt an sich gibt es nicht, sondern es wird nur im persönlichen Kontext perfekt. Man muß bereit sein, sich in den Prozeß zu begeben. Das Ergebnis lohnt sich. Es gibt immer wieder überraschende Lösungen.

Bevor Sie sich in den eigentlichen Planungsprozeß stürzen, ist der Problemkreis abzugrenzen. Wenn auch letztendlich alles mit allem zusammenhängt, kann man mit einem Finanzplan nicht seine sämtlichen sonstigen Probleme, die das Leben so mit sich bringt, lösen. Bevor Sie beginnen, schreiben Sie sich Ihre Motive auf, warum es sie drängt, Ihre Finanzen in die Hand zu nehmen: Geld kann für vieles herhalten. Aber letztlich kann Geld keine Beziehungsprobleme lösen. Auch wenn Sie auf den ersten Blick meinen, daß der Streit ums Geld Ursache Ihrer persönlichen Schwierigkeiten miteinander ist. Und Sie kommen vielleicht zum Schluß, wenn mehr Geld da wäre, würden sich viele Beziehungsprobleme lösen. Vielleicht haben beide nur ein unterschiedliches Investitionsverhalten, er ist ausgabenorientiert und sie ist sparorientiert. Die Beratererfahrung zeigt, daß ungefähr in der Hälfte der Fälle bei Ehepaaren die Geldpersönlichkeiten unterschiedlich sind. Es leuchtet sofort ein, daß aus den Unterschieden, insbesondere wenn diese nicht als solche erkannt werden, zumindest gegenseitiges Mißverstehen entsteht.

Gehen Sie Ihren Motiven nach

Finanzplanung bedeutet nichts anderes, als sich persönlich durch die »Finanzbrille« zu betrachten. Das heißt, es wird gewichtet und gewertet, und die Wertung wird in Mark und Pfennig ausgedrückt. Das schöne an Zahlen ist, daß sie »neutral« sind. Dies wiederum hilft, sich über seine Motive, sich mit dem Thema auseinanderzusetzen, klarzuwerden. Dabei ist besonders

103

zu unterscheiden, was kurzfristig drängende Probleme sind und was langfristig grundsätzlich gelöst werden soll. Jeder Mensch fürchtet sich vor seinen speziellen Risiken. Wie Risiken wahrgenommen werden, ist höchst individuell. Der eine fürchtet den Invaliditäts- oder Pflegefall im Alter am meisten, der andere den Verlust des Arbeitsplatzes. Wieder andere belastet das Risiko des Todesfalles, wenn die Angehörigen ohne Stütze dastehen. Für die Finanzplanung ist dies wichtig, denn es können dann entsprechende Maßnahmen getroffen werden.

Übung 2: Was ist Ihre Motivation für eine finanzielle Lebensplanung?

1. Was ist heute finanziell dringend und aktuell? Wo drückt Sie der finanzielle Schuh besonders?

2. Was soll grundsätzlich für die Lebensphase finanziell erreicht und geregelt werden?

3. Vor welchen finanziellen Risiken fürchten Sie sich besonders?

Bestimmen Sie Ihren Planungshorizont Planen kann man nur, wenn man eine bestimmte Zeitspanne definiert. Ausgangspunkt der Finanzplanung ist das heutige Alter und die durchschnittlich zu erwartende Lebensdauer. Eine der wichtigsten Veränderungen, denen wir uns heute in den Industrieländern gegenübersehen, ist die Verlängerung der Lebensdauer. Im Durchschnitt beträgt die sogenannte Altersphase heute 25 Jahre, das ist ungefähr soviel wie die Jugendzeit.

Bedeutsam für Frauen ist, daß sich die Schere zwischen weiblicher und männlicher Lebenserwartung weiter öffnet. Frauen leben im Durchschnitt sieben Jahre länger. Frauen heiraten zudem meist ältere Männer, daraus ergibt sich, daß Witwenschaft im Frauenleben ein typisches Schicksal ist. Auch dies ist bei der Finanzplanung zu bedenken.

Längere Lebenserwartung und stagnierende Geburtenzahlen zeigen sich in den meisten Industrieländern in einer Umkehr der Alterspyramide. Das dritte Jahrtausend beginnt in den Industrieländern mit einer »Alterslast«. Die über 65jährigen machen einen Anteil von 15 Prozent aus, verglichen mit fünf Prozent in der Vorkriegszeit. In den USA werden im Jahr 2005 mehr als 15 Prozent der Erwerbstätigen über 55 Jahre sein. Die lange Altersphase stellt für jeden einzelnen und für die Gesellschaft als Ganzes eine der größten Herausforderungen dar. Noch dominiert in den westlichen Gesellschaften der Jugendkult. Die »neuen Alten« haben eine Pionierrolle zu erfüllen. Man kann über die Auswirkungen spekulieren. Sicher ist, daß das Älterwerden heute anders empfunden wird als noch eine Generation früher.

Lange Lebenserwartung und andere Muster des Älterwerdens haben auch eine Konsequenz auf die Finanzen. Spätestens um das sechzigste Altersjahr ist die Frage zu stellen, wie die voraussichtlich nächsten 25 Jahre gelebt werden sollen. Welche Wohnsituation stellt man sich für das Alter vor? Feststellbar ist, daß Wohngemeinschaften im Trend liegen. In der Finanzplanung ist der Beratungsfall häufig, daß sich ältere alleinlebende Frauen zusammentun und gemeinsam ein Haus bauen. Dafür braucht es Verträge über gemeinschaftliches Eigentum, über Form des Zusammenlebens und der gemeinsamen Finanzierung. Wiedereinsteigerinnen über 50 Jahre gründen eigene Unternehmen, und dies nicht nur in der Tradition der Tante-Emma-Läden. An den Universitäten nimmt unter den Studierenden die Zahl der »grauen« Häupter zu.

Der Planungshorizont muß Ihrer persönlichen Lebensphase entsprechen. Um mit der Altersphase zu beginnen: In der Regel kann man bis gegen Ende des siebten Jahrzehnts davon ausgehen, daß man nicht stärker von Krankheit und Gebrechlichkeit geplagt ist als der Durchschnitt der Bevölkerung. Für die Finanzplanung heißt dies, daß für keine größeren Risiken finanzielle Vorkehrung getroffen werden muß. Für die persönliche finanzielle Lebensplanung bedeutet dies, daß man mindestens einen aktiven

Gestaltungshorizont von 10 bis 15 Jahren vor sich hat, gerechnet ab der üblichen Pensionsgrenze von 65 Jahren. Damit steht ein langer Zeitraum zur Verfügung. Wenn Sie Ihr Leben eingeteilt in Abschnitte von zehn Jahren vor Ihrem geistigen Auge vorbeiziehen lassen und sich dabei die Entwicklungen und Ereignisse dieser Abschnitte anschauen, können Sie eine Vorstellung über die sich eröffnenden Möglichkeiten gewinnen. Neue Unternehmen haben es in der Zeitspanne von sieben Jahren am Markt geschafft, oder es gibt sie meist nicht mehr. Erst ab dem achtzigsten Altersjahr weist die Statistik aus, daß die Häufigkeit einer längeren Krankheit und die Pflegebedürftigkeit zunimmt. In der Finanzplanung ist es deshalb angezeigt, den Pflegefall zu berücksichtigen. In der Regel sind drei Pflegejahre ausreichend. Für die Sechzigjährigen ist für den Planungshorizont die gesamte Altersphase in groben Umrissen einzubeziehen, wobei es zweckmäßig ist, die Altersphase weiter zu unterteilen in eine aktivere Phase von zehn Jahren und eine eigentliche Altersphase.

Für Singles, die gerade ihre erste Berufserfahrung hinter sich haben, ist ein Planungshorizont von fünf bis zehn Jahren geeignet. Familien planen zweckmäßig bis zum Abschluß der Ausbildungsphase der Kinder, diese kann durchaus 25 Jahre beanspruchen. Die oben genannten Faustregeln sind jedoch immer auf den konkreten Fall abzustimmen.

Die Methode der Drei Töpfe oder eine praktische Art, die persönlichen Finanzinformationen zu ordnen

Die Finanzplanung erfordert eine praktikable Methode für die Beschreibung des persönlichen Finanzkleides, also so etwas wie ein Schnittmuster. Dies ist ein komplexes Unterfangen. In der Fachsprache der Wirtschaft gesprochen sind Bestandsgrößen (stock) und Stromgrößen (flows) zu erfassen und miteinander in Beziehung zu setzen. Ich habe dafür die Methode der Drei Töpfe gefunden. Die Drei Töpfe stellen nichts anderes dar als ein Ordnungsschema für die vielen unterschiedlichen Informationen, die benötigt werden, um sich aus der Sicht der Finanzen betrachten zu können. In der Individualberatung und in Kursen hat sich diese Methode bewährt, um die vielfältigen Aspekte der persönlichen Finanzen darstellen zu können.

Jedes Schema beinhaltet die Gefahr, daß es statisch – jeder Topf steht für sich – verstanden wird. Die Töpfe 1, 2 und 3 sind vielmehr unterschiedliche Blickwinkel ein und desselben Finanzkleides. Sämtliche Blickwinkel ruhen sozusagen auf dem Grund der Geldpersönlichkeit und des Humankapitals. Die Töpfe sind nur zum Zwecke einer klareren Übersicht voneinander getrennt.

Finanzielle Lebensplanung

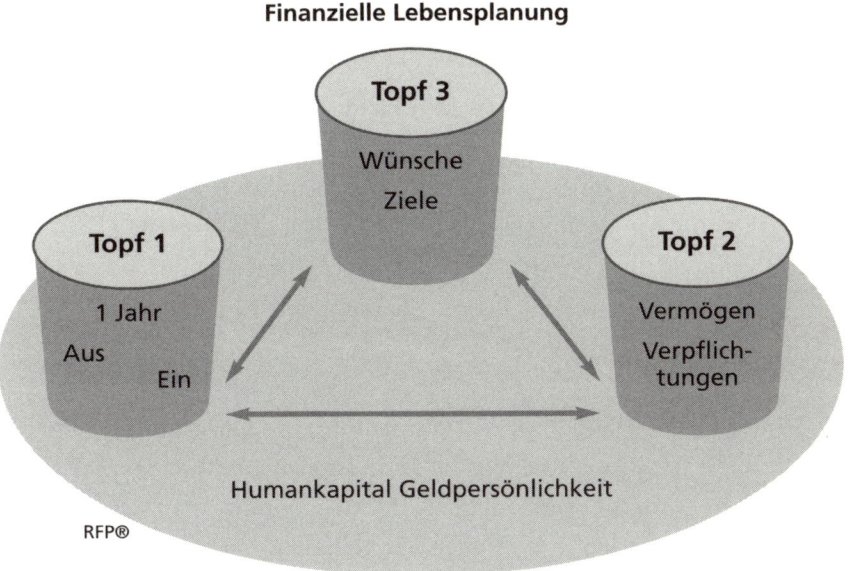

- Im Topf 1 werden die Ausgaben- und Einnahmenströme erfaßt. Der betrachtete Zeitraum beträgt ein Jahr. Es geht darum, die Ausgaben für den Lebensstandard zu erfassen, ebenso die regelmäßig fließenden Einnahmen. Beides miteinander verrechnet, ergibt entweder einen Einnahmen- oder Ausgabenüberschuß, oder es geht gerade auf.

  Eine Übersicht über die Ausgaben und Einnahmen gewinnen

- Im Topf 2 werden das persönliche Finanzvermögen und die Verpflichtungen abgebildet. Sie können sich dies als eine finanzielle Lebensbilanz vorstellen. Auf der einen Seite der Bilanz stehen die Guthaben und auf der anderen Seite die Verpflichtungen. Die Verpflichtungen drücken aus, was das Vermögen leisten muß. Im Topf 2 wird das Finanz-

  Eine Übersicht über den Stand des Vermögens und die Verpflichtungen erstellen

vermögen zu einem bestimmten Stichtag erfaßt. Diese Bestandsaufnahme kann man auch der jährlichen Steueraufstellung entnehmen. Zu den Verpflichtungen zählt für praktisch alle Menschen die Vorsorge für das Alter. Auch die Vorsorge für den Krankheitsfall, für Erwerbsunfähigkeit gehören dazu. Andere Verpflichtungen können die Ausbildung der Kinder sein oder Unterstützungsleistungen bei Scheidungen. Steuern sind ebenfalls Teil der Verpflichtungen. Gewisse Teile der Verpflichtungen sind auch schon im Topf 1 aufgeführt. Es ist jedoch zweckmäßig, diese noch einmal als Teil der Verpflichtungen aufzuführen. Im Topf 2 finden auch die für Wendepunkte vermögensrelevanten Verpflichtungen Platz, so die Vorsorge für den Pflegefall im Alter, für die Folgen von Scheidung oder Vorkehren für eine berufliche Veränderung, wie Aufbau einer eigenen Unternehmung. Die Verpflichtungen haben auch etwas damit zu tun, welche Risiken Sie besonders fürchten, gegen die Sie sich versichern wollen.

Wünsche formulieren • Zentral für die Planung ist der Wunschtopf. Die Betrachtungsweise des Soll oder der Zukunft kommt im Topf 3 hinzu. Ohne konkretes finanzielles Ziel erreicht man wenig. In der Regel macht man sich für seine persönlichen Finanzen eher vage Vorstellungen. Aber nur wer das Ziel kennt, kann es auch erreichen. Gefüllte Wunschtöpfe geben Freiraum und Flexibilität.

ERSTER SCHRITT:
GEWINNEN SIE EINE ÜBERSICHT ÜBER IHRE AUSGABEN UND EINNAHMEN

Ein Plädoyer für das gute alte Haushaltsbüchlein Der erste Schritt in der Finanzplanung ist: Stellen Sie Ihre Ausgaben für die Lebenshaltung zusammen. Vielleicht sind Sie enttäuscht, daß die Verbesserung Ihrer Finanzen mit der Erfassung der täglichen Ausgaben beginnt. Wer dies jedoch einmal gemacht hat, wird mit Erstaunen erkennen, daß sich damit auch Verhaltensweisen in bezug auf das Geld zu ändern beginnen. Die Tasse Kaffee, das Paket Zigaretten erhält einen bewußten Wert. Auch der Wert für große Ausgaben, wie die Miete, der Kauf eines neuen Wagens, tritt deutlicher ins Bewußtsein. Der Sinn der Ausgabenerfassung ist nicht, zur Askese im Ausgabenverhalten zu erziehen, also möglichst wenig auszugeben. Sondern der Zweck liegt darin, herauszufinden, ob die Ausgaben der persönlichen Wertschätzung entsprechen, ob sich Ihr Lebensstandard mit Ihren Wertvorstellungen deckt.

Die praktische Erfahrung zeigt, daß man mit diesem Vorgehen in der Regel mit drei »Gewinnen« rechnen kann.

- Man wird erstens feststellen, daß allein durch das Notieren aller Ausgaben tatsächlich weniger ausgegeben wird. Es ist wie bei einer Schlankheitskur: Wer über seine zahlreichen Häppchen Buch führt, verliert an Gewicht.

- Der zweite Gewinn kommt aus der Umverteilung. Die Ausgabenübersicht zeigt deutlich, ob Sie tatsächlich für die Dinge Geld ausgeben, die Ihnen wirklich etwas bedeuten, etwas wert sind. Schnell wird man seine großen und kleinen Geldvernichter herausfinden. Diese kann man ohne Einbuße an Lebensqualität aufgeben. Weiter werden Sie erkennen, daß jene Dinge, die Sie schon lange tun oder haben wollten, finanziell eher stiefmütterlich behandelt wurden. So stellte sich beim Ausfüllen des Topf 1 bei Martina R., alleinerziehende Mutter von zwei Söhnen und Sekretärin in einer Klinik, heraus, daß sie pro Jahr 2.000 DM für Spenden ausgab. In vielen kleinen Beiträgen spendete sie an Green Peace, WWF, Pfadfinder, Gesangsverein, Blinde, Kinderdörfer, aktuelle Hilfeaufrufe, Geburtstagssammlungen in der Klinik und so fort. Andererseits leistete sich Martina R. nie ihren Wunsch, in die Oper zu gehen. Sie empfand ein einzelnes Opernbillet für 120 DM als zu teuer für sich. Anhand der Zahlen war es für Martina rasch einsehbar, daß sie für ihre Einkommensverhältnisse zu luxuriös mit den Spenden umging. Ein Spendenbudget von 1.000 DM, also eine Halbierung der Beträge, kam immer noch ihren sozialen Neigungen entgegen. Und Sie konnte sich acht Opernhausbesuche im Jahr leisten. Sie werden dank der Übersicht rasch Ihr persönliches Umverteilungsbudget herausfinden. Überflüssiges wird gekürzt oder ganz gestrichen, und die Wünsche werden gezielter berücksichtigt. Bereits nach einem Monat werden Sie eine Verbesserung des finanziellen Wohlgefühls registrieren, ohne daß die Gesamtausgaben gestiegen sind.

- Der dritte und langfristige Gewinn sind bessere Spargewohnheiten. Wer die Ausgaben im Griff hat, erzielt Überschüsse. Nichts vergrößert ein Vermögen so dauerhaft und nachhaltig wie der ständige monatliche Zufluß selbst kleiner Summen.

Wie hoch ist Ihr Lebensstandard? Die Höhe Ihres Lebensstandards werden Sie nur präzise kennen, wenn Sie für eine gewisse Zeit die Ausgaben täglich erfassen. Damit dies nicht zu schwerfällt, müssen Sie die für Sie persönlich geeignete Methode herausfinden. Manche haben neben dem Portemonnaie ein kleines Notizbuch griffbereit und notieren jede Ausgabe sofort. Andere stellen zum Beispiel in der Küche oder beim Wohnungseingang Schuhschachteln bereit, in denen die Quittungen oder Notizzettel (»20 DM auf dem Wochenmarkt«, oder »50 DM an den Sohn« etc.) landen. Wöchentlich werden dann die Quittungen sortiert und zusammengestellt. Wieder andere führen ihre Auflistungen auf dem PC. Versicherungsbeiträge, Mieten oder Zinsen, laufende Ausgaben für Strom, Telefon etc. sind einfach anhand der Rechnungen bzw. bei Lastschriftverfahren aus den Bankauszügen abzulesen. Vergessen Sie dabei nicht Ihre Kreditkartenabrechnungen. Vielfach kann man aus diesen die Ausgaben für Kleider, Reisen ableiten.

Nach dem Erfassen kommt das Zuordnen der Ausgaben. Es ist nützlich, vier Grobkategorien zu bilden. Die Feingliederung ist entsprechend den persönlichen Bedürfnissen zu gestalten.

Die vier großen Ausgabenblöcke des Lebensstandards

Vier große
Ausgaben-
blöcke

- Rund ums Wohnen
- Essen, Kleiden, Pflegen
- Versicherungen
- Individuelle Ausgaben mit den Untergruppierungen

Transport

Gesundheit

Geschenke, Spenden

Wohlbefinden

Kinder

Unterstützungsleistungen

Weiterbildung

Diese vier Ausgabenblöcke zusammengefaßt, ergeben den Lebensstandard und für die Finanzplanung eine wichtige Zahl. Dieser Aufwand muß finanziert werden aus dem Einkommen oder dem Vermögen. Die Ausgaben für den Lebensstandard sind jedoch auch Ansatzpunkt für Veränderungen. Denken Sie an die Beispiele von Catherine Meier, Anna und Michael Schmid und Albert Müller. Die Änderungen bei den Ausgaben erwiesen sich als wichtiger Hebel für die Verbesserung der finanziellen Lage.

Die jährliche Übersicht wäre jedoch nicht vollständig, allein mit den Ausgaben für den Lebensstandard. Es kommen noch weitere Ausgaben hinzu.

- Steuern sind immer auch noch ein eigenes Thema für die Finanzplanung, dazu mehr auf Seite 144 f.
- Sparen
  Das Sparen in Form von festen Verträgen wie Prämiensparen bei Versicherungen und Sparverträge bei Banken gehört zu den Ausgaben, wird jedoch gesondert aufgeführt. Sparverträge sind zu erfüllen. Versicherungen können für fest eingegangene Verpflichtungen bei Nichterfüllung den Versicherungsschutz aufheben.

111

- Schulden

  Schuldentilgungen mit festen Verpflichtungen sind in der jährlichen Übersicht ebenfalls gesondert zu erfassen.

Wendepunkt beeinflußt den Lebensstandard Die jährliche Übersicht der Ausgaben und Einnahmen eignet sich auch dazu, Planspiele zu machen, wie die Budgetlage bei veränderten Umständen, also Wendepunkten aussehen könnte. Scheidungen bedeuten meist drastische Veränderungen. Stellen Sie sich die Frage, ob diese neue Lebensphase auch ein geändertes Ausgabenverhalten mit sich bringen wird. Für die Phase der Pensionierung ist immer zu prüfen, ob sich das Ausgabeverhalten ändern wird, wenn die tägliche berufliche Arbeit wegfällt. Vielfach wird die Meinung vertreten, daß der Lebensstandard im Alter sinke. Manche sprechen gar von einer Reduktion der Summe auf 60 Prozent. Dafür gibt es jedoch wenig belegbare Hinweise. Häufig kommt es vor, daß die Höhe unverändert bleibt, die Verteilung auf die einzelnen Ausgabeposten jedoch eine andere ist. Beispielsweise wird jemand, dessen Beruf mit viel Repräsentation verbunden war, nach der Pensionierung nicht mehr so viel Geld für Kleider ausgeben, sondern dafür mehr für Reisen.

Ist Ihr Budget im Gleichgewicht? Die Übersicht zeigt, ob Ihr Budget im Gleichgewicht ist, ob Sie auf Vorgriff leben oder ob Sie sparen. Bei gut einem Drittel der Menschen liegen die monatlichen Ausgaben ab und an zehn Prozent über den tatsächlichen monatlichen Einnahmen. Dies kann man kurzfristig tun, längerfristig entsteht ein Loch, das ständig mühsam zu stopfen ist, oder aber das Vermögen wird stetig abgebaut. Für die meisten Haushalte gilt, daß in jedem Budget Einsparungen drin liegen, ohne daß die Lebensqualität leidet. Die Haushalte unterscheiden sich da nicht von Unternehmen. Wenn drei Jahre lang die Kosten nicht durchforstet wurden, liegen Einsparungen von fünf bis zehn Prozent ohne weiteres drin, ohne daß irgendwo Einbußen entstehen. Wenn Sie Ihr konkretes Verhalten im Umgang mit Geld ändern und damit dem Ziel der Verbesserung Ihrer Finanzen einen wichtigen Schritt näher kommen wollen, dann ist die folgende Übung ein Muß. Es sei denn,

Sie gehören zu jenen, die bereits ein Haushaltsbüchlein führen. Gemäß Umfragen in Kursen führen jedoch nur knapp 20 Prozent regelmäßig eine Übersicht über Ihre Ausgaben.

Übung 3: Erstellung Ihres Ist-Budgets

Je nach Ihrer Situation erstellen Sie Ihr Budget nur für sich persönlich oder für die ganze Familie.

1. *Beginnen Sie mit einer Schätzung. Geben Sie sich eine Viertelstunde Zeit und versuchen Sie, Ihre Ausgaben gemäß den Vorgaben aus Topf 1 zu schätzen. Wo Sie unsicher sind, setzen Sie einfach ein Fragezeichen ein.*
2. *Notieren Sie während drei Monaten Ihre Ausgaben.*
   Meistens reicht es, wenn Sie die Disziplin für diese Zeitspanne aufbringen. Dies gibt Ihnen ausreichend Information über Ihr Ausgabeverhalten.
3. *Stellen Sie eine Jahresübersicht der Ausgaben und Einnahmen auf.*
   Aus den Ergebnissen der drei Monate und aus den sonst bekannten Rechnungen können Sie dann die Übersicht für Ihre jährlichen Ausgaben zusammenstellen. Die Einnahmen sind in der Regel rasch aufgrund von Lohnabrechnungen, Pensionszahlungen, Geschäftsbilanzen usw. aufgeführt. Die Erträge aus dem Vermögen ersehen Sie aus den jährlichen Abrechnungen der Banken.
4. *Vergleichen Sie die ursprüngliche Schätzung mit den tatsächlichen Ergebnissen. Wenn Sie nach drei Monaten Ihre tatsächlichen Zahlen erarbeitet haben, dann vergleichen Sie diese mit Ihrer ersten spontanen Schätzung. Manche Posten werden Sie unterschätzt, manche überschätzt haben. Diese Unterschiede geben Ihnen eine weitere aufschlußreiche Information über Ihr Verhalten in bezug auf Ihre Finanzen.*

Topf 1 Übersicht über Ausgaben und Einnahmen für 1 Jahr

	Ausgaben
Rund ums Wohnen	
Miete / Hypothekarzinsen	
Nebenkosten	
Telefon / TV / Radio	
Kleinanschaffungen: Haushalt, Einrichtung, Garten	
Unterhalt: Reinigung, Haushaltshilfe	
Essen, Kleiden, Pflegen	
Essen, Einladungen, Auswärtsessen	
Pflege: Friseur, Kosmetik	
Kleidung	
Individuelle Ausgaben	
Öffentlicher Verkehr	
Privatauto: Unterhalt, Benzin, Versicherung, Leasing	
Gesundheit: Zahnarzt, Massage, Kur, Fitness, Sport	
Geschenke, Beiträge, Spenden	
Unterhaltung: Lektüre, Kurse, Musik	
Anschaffungen: Heimelektronik, Hobby	
Reisen	
Haustiere	
Kinder: Taschengeld	
Kinder	
Unterstützungsleistungen	
Weiterbildung	
Lebensstandard	
Steuern	
Lebensstandard mit Steuern	
Sparen	
Feste Sparverträge: Versicherungen	
Gesamtausgaben	

	Einnahmen
Gehalt	
Rente	
Alimente	
Aus Vermögen: Mieterträge, Zinserträge	
Gesamteinnahmen	

RFP®

114

Die Übersicht über Ihre Ausgaben und Einnahmen gibt Ihnen jedoch nicht nur die Information, ob Ihr Budget im Gleichgewicht ist, sondern zeigt Ihnen noch etwas mindestens ebenso Wichtiges, ob nämlich die Ausgaben im Einklang mit Ihrer Wertestruktur sind. Der Lebensstandard ist Ausdruck des Lebensstils. Im Formularblatt über die Ausgaben ist es zweckmäßig, auszurechnen, welchen Anteil beispielsweise die Ausgaben für das Wohnen, die Reisen oder für Kleidung und so fort ausmachen. So wie dies für Catherine Meier (vgl. Seite 50) und Albert Müller (Seite 92) gezeigt wurde. Dies hilft die Frage nach der Wertschätzung zu klären. Wenn beispielsweise ein beträchtlicher Anteil der Ausgaben für Videokamera, Abspielgerät und Filme ausgeben wird, kann dies heißen, daß Ihnen Ferienerinnerungen, ein filmisches Festhalten der Entwicklung der Kinder emotional viel bedeuten. Es kann aber auch sein, sie haben dies gekauft, einfach weil es »in« ist und ihre Freunde und Verwandte alle auch eine solche Ausrüstung haben. Im ersten Fall stehen die Ausgaben im Einklang mit Ihren Werten, im zweiten Fall eher nicht. Kaufen Sie gern etwas Schönes zum Anziehen, wenn Sie frustriert sind, so kann dies zwar momentan den Frust bekämpfen. Allerdings hängen die Teile oft wenig getragen und nicht mehr besonders geliebt im Schrank. Wenn man ausrechnet, wie häufig das letzte Kleid für 600 DM getragen wurde, dann kommt man vielleicht pro Mal auf 100 DM. Dies dürfte vermutlich häufig nicht mehr mit den persönlichen Werten übereinstimmen. Es ist dann besser nach anderen Mitteln zu suchen, um den Frust zu besänftigen. Wohnen ist ebenfalls etwas Persönliches. Im Durchschnitt werden rund 20 Prozent des Lebensstandards fürs Wohnen ausgegeben, jedoch mit einer breiten Streuung.

Stimmen Ihre Ausgaben mit Ihren Werten überein?

Noch ein Wort zu Schulden. Schulden können sich »lohnen« oder nur Geld verschlingen, nämlich durch hohe Zinszahlungen. Bei Schulden ist entscheidend, wie diese verwendet werden. Man kann dabei drei Arten unterscheiden.

Achtung bei Schulden

115

- »Konsumschulden« oder »Konsumkredit«,
- Schulden, die an einen Vermögenswert gebunden sind, wie Kredit für das eigene Haus oder Lombardkredit für das Wertpapierdepot (häufig genutzt, um zusätzlich Wertpapiere zu erwerben),
- Schulden, die für Investitionen eingesetzt werden, wie zum Aufbau oder der Erweiterung einer selbständigen Tätigkeit oder Weiterbildung.

Konsumschulden verbessern den Lebensstandard heute. Der höhere Lebensstandard heute wird durch hohe Kreditkosten erkauft. Damit wird der Konsum morgen ständig belastet. Konsumkredit kann für Konsumgüter mit längerer Lebensdauer, wie Wohnungseinrichtung und Auto, zweckmäßig sein. Der Teufelskreis der immer größeren Finanzlöcher beginnt jedoch dann, wenn der Kredit dem laufenden Verbrauch dient, also zum Bezahlen der Miete, der Lebenshaltung oder der Ferien auf Pump.

Denken Sie auch daran, daß Stotterkäufe, Leasing, Konsumentenkredite für die Gegenpartei, also jene, die das Geld vorschießen, ein lohnendes Geschäft sind. Zusätzlich zum normalen Kreditzins wird immer ein beträchtlicher Risikozuschlag erhoben. Die Auswahl unter den zahlreichen Leasingfirmen und Konsumkreditunternehmen ist schwierig. Es ist also Zeit aufzuwenden, um die Angebote vergleichen zu können. In der Regel haben vermutlich eher die Kunden das Nachsehen. Auch aus diesem Grund ist zur Vorsicht beim Eingehen von Konsumschulden zu raten.

Schulden, die für den Erwerb eines Vermögenswertes, wie Erwerb eines Eigenheims, Vergrößerung des Hebels für den raschen Aufbau eines Wertpapierdepots, dienen, haben eine andere Qualität. Wichtig ist, daß der Vermögenswert deutlich größer ist als die Schuld. Wenn zum Beispiel das eigene Haus mit einer Schuld von 80 % oder 90 % belastet ist, dann kann es sein, daß bei Wertschwankungen – die Immobilienpreise sinken um 20 % rasch eine Überschuldung eintritt.

Schulden für Investitionen, wie Aufbau eines Geschäfts oder Weiterbildung, gehören zu den »produktiven« Schulden. Der Ertrag wird später größer sein als heute ohne Schulden.

<u>Übung 4:</u> Ist Ihr Budget im Einklang mit Ihrer Wertestruktur?

1. Beantworten Sie folgende Frage für jene Ausgabeposten, die Sie persönlich beeinflussen können: Entsprechen die Ausgaben meiner Wertestruktur?

2. Stellen Sie ein Soll-Budget für Ihren Lebensstandard zusammen, der Ihrer Wertschätzung entspricht.

Es ist wichtig, daß Sie einen Lebensstandard definieren, mit dem Sie sich wohl fühlen. Mit diesem Betrag wird dann in der Finanzplanung gerechnet.

TIPS FÜR DIE LEBE-HEUTE-TYPEN

Die Kenntnis der Geldpersönlichkeit hilft, Stolpersteine und Fallen bei den Ausgaben geschickt zu umgehen. Besonders wichtig ist der Topf 1 für Menschen mit einer ausgabeorientierten Geldpersönlichkeit. Diese brauchen ein paar Tricks, damit ihnen ihre Spontaneität und Risikofreude nicht zum Verhängnis wird. Die sparorientierten Lebe-morgen-Menschen haben meist ihre Lebenshaltung gut im Griff. Sie geben in der Regel nur Geld für etwas aus, das sie vorher für diese Zwecke angesammelt haben. Daß sie manchmal vielleicht zu spartanisch mit sich selbst umgehen und sich zu wenig gönnen, steht auf einem anderen Blatt. Aus der Optik der Finanzen haben die Lebe-morgen-Typen ihren Topf 1 im Griff.

Tip 1: Limit für Spontanausgaben

Aus dem Topf 1 sind jene Ausgabenkategorien aufzuschreiben, bei denen gern die spontane Kauflust zuschlägt. Nehmen wir an, es sei Auswärtsessen. Aus der Ist-Analyse und den sich daran knüpfenden Überlegungen, was Ihnen Auswärtsessen mit Freunden wert ist, wissen Sie, wieviel Sie für diesen Budgetposten ausgeben dürfen. Nehmen wir an, pro Jahr 1.500 DM. Damit haben Sie Ihren Gesamtbetrag. Nun müssen Sie noch klug damit umgehen und Ihre Spontanität berücksichtigen. Ein praktikabler Weg ist zum Beispiel von den 1.500 DM für Spontanaktionen, wie für ein Essen bei einem der Gourmetpäpste, 500 DM zu reservieren. Manche vertrauen ihren Spontanbetrag einem schönen bunten Briefumschlag an, der mit der Zweckverwendung angeschrieben und zugeklebt ist. Es ist leicht nachvollziehbar, daß es Überwindung kostet, diesen Briefumschlag einfach so aufzureißen. Der Anlaß dazu muß schon ganz besonders sein. Der verbleibende Ausgabeposten wird dann noch einmal um zehn Prozent für Unvorhergesehenes reduziert, also um 100 DM. Das Leben hat immer Überraschungen bereit, für diese muß man gewappnet sein. Für jeden Monat verbleibt somit ein Ausgehbetrag von 75 DM. Nebenbei bemerkt: Auswärtsessen kommt im Durchschnitt pro Person dreimal so teuer wie ein Essen zu Hause.

Wenn Sie sich selbst mißtrauen, dann sollten Sie Ihren monatlichen Ausgeh-Betrag separat von Ihrem normalen Geldbedarf aufbewahren. Für eine leichtere Übersicht ist es zweckmäßig, während der Einübungszeit auf Kreditkarten zu verzichten. Später können Sie statt des Bargelds in separaten Briefumschlägen ein Notizbuch benützen, in dem die Budgetposten und der entsprechende Ausgabenspielraum notiert wird.

Diese Methode kann auf praktisch alle Ausgaben angewandt werden. Verlangt wird von den Lebe-heute-Menschen ein bißchen Phantasie, wie sie Ihre Neigung ausleben und sich dabei doch innerhalb ihrer Leitplanken bewegen können.

Tip 2: Preisvergleich, mindestens zwei Preise

Es ist eher selten, daß Lebe-heute-Menschen gern Warentests lesen und beispielsweise mit dem Testergebnis über Fernseher unter dem Arm mehrere Händler aufsuchen. Suchen Sie jedoch, wo immer möglich, einen Preisvergleich. Wichtig ist, daß nicht Äpfel mit Birnen verglichen werden, sondern Gleichartiges.

Tip 3: Überschlafen

Jeder Kauf ab Ihrer Stop-Summe wird erst nach 24 Stunden Überlegungspause tatsächlich getätigt. In praktisch allen Geschäften kann man etwas reservieren lassen. Fallen Sie nicht auf den ältesten aller Verkaufstricks herein, daß nur jetzt und sofort Ihr Wunschstück noch zu haben ist.

Tip 4: Prüfen von Preis und Leistung

Einen Kauf können Sie auch als Investition betrachten. Investitionen werfen einen Ertrag ab. Versuchen Sie eine Vorstellung über die Rendite zu erhalten. Für manche Sachen muß man etwas Phantasie für die Renditeberechnung aufwenden. Es handelt sich ja nicht nur um quantitative, sondern auch um qualitative Renditen. Dazu ein Beispiel: Der Kaufpreis für einen neuen PC beträgt 6.000 DM, dazu kommt noch neueste Software von 2.000 DM. Sie wissen, daß PCs ungefähr nach drei Jahren zum alten Eisen gehören. Als Lebe-heute-Frau oder -Mann haben Sie Freude am Neuen, also rechnen Sie mit drei Jahren für den Gebrauch. Je nach Kenntnisstand müssen Sie noch Schulung oder Support dazu rechnen. Insgesamt macht der PC-Kauf dann 9.000 DM aus, jährlich 3.000 DM und monatlich 250 DM. Sie können damit jedoch Korrespondenz, Bankverkehr, Fahrplanauskünfte etc. viel schneller erledigen, so daß Ihre dafür eingesetzte Zeit im Monat halbiert wird. Für Administratives wird durchschnittlich im Monat neun Stunden gebraucht. Das heißt, Ihre Produktivitätssteigerung dank PC beträgt 4,5 Stunden. Wenn Sie sich einen Stundenlohn von 60 DM zugestehen, dann hat sich der PC zu diesem Preis gelohnt. Abgesehen von Ihrem Vergnügen, in die Welt der Informatik einzusteigen.

Tip 5: Paßt der Kauf zu Ihrer Wertestruktur?

Sie sehen etwas, zum Beispiel eine besonders schöne Lampe, und Sie möchten diese spontan kaufen. Halten Sie einen Moment inne. Finden Sie heraus, was das Wesentliche, der Kern dieser Sache, ist. Dieser Kern muß Ihren persönlichen Werten entsprechen. Was ist das Wesentliche an dieser Lampe? Ist es das besonders schöne Design, das Sie anzieht? Oder brauchen Sie eine Lampe für einen bestimmten Platz in der Wohnung, um die Wohnlichkeit zu steigern? Das Wesentliche einer Sache muß sich mit Ihren Werten decken, sei es das Design oder die Wohnlichkeit und so fort.

ZWEITER SCHRITT:
ERSTELLEN SIE EINE ÜBERSICHT ÜBER IHR VERMÖGEN UND IHRE VERPFLICHTUNGEN

Aus der reinen Ist-Betrachtung werden Sie, auch ohne daß der gesamte Planungsprozeß einschließlich der Wünsche durchlaufen ist, einige weiterführende Erkenntnisse gewinnen. Die Beschäftigung mit dem heutigen Stand des Vermögens und der Verpflichtungen führt quasi automatisch zu folgenden Verbesserungen:

• Bessere Ordnung in den Finanzen
  Viele Menschen haben eigentlich keine wirkliche Übersicht über Ihre Finanzen. Ob die finanziellen Verhältnisse wohlgeordnet sind, können Sie

wie die Schmids am besten dadurch feststellen, ob jeweils vor dem Gang zum Steuerberater hektisch Unterlagen zusammengesucht werden müssen oder ob einfach ein Ordner aus dem Schrank geholt werden kann. Es gibt auch Klienten, die mit fünf großen Tragesäcken voller Unterlagen zum Finanzberater kommen. Diese haben nachher dann wohlgeordnet in zwei Ordnern Platz. Wenn Sie gemäß dem Raster in Topf 2 vorgehen, werden Sie am Ende des Prozesses das Gefühl haben, daß Sie Ihre Finanzen im Griff haben.

- Bessere Beherrschung des Finanzalphabets
  Im Zuge der Ist-Analyse werden Sie sich automatisch mit Fragen von Rendite und Risiko bei Wertschriften und Versicherungen auseinandersetzen. Sie werden sich mit der Beurteilung Ihres Immobilienbesitzes beschäftigen. Das schwierige Thema der Vorsorge für das Alter wird seine Schrecken verlieren, ebenso heikle Fragen wie die zum Thema Erben und Vererben wird ein Thema sein. Sie werden sich eine Meinung über das Vorgehen bei den Steuern bilden. Kurz, Ihr Finanzkleid wird aus den verschiedensten Blickpunkten betrachtet und damit besser beherrschbar.

WIE IST ES UM IHR VERMÖGEN BESTELLT?

Als erstes werden die wichtigsten Pfeiler des Vermögens erklärt und dabei die für die Erstellung des Finanzplanes wichtigsten Kenntnisse über die Finanzinstrumente vermittelt. Es geht um:
- Konten/Cash
- Wertpapiere
- Versicherungen
- Immobilien
- Wertgegenstände
- Erbe

Am wichtigsten sind wieder die Übungen, die sich auf Ihre persönliche Situation beziehen.

Konten und Cash
Die Mittel, die sofort verfügbar sein sollen, liegen am besten auf Konten. Diese können Giro-/Privatkonten, Sparkonten ohne feste Laufzeiten, kurzfristige Geldmarktanlagen, meist in Form von sofort verkaufbaren Anteilen eines Geldmarktfonds sein. All diese Formen zeichnen sich dadurch aus, daß der Wert nicht schwankt. Ein Kontostand von 1.000 DM bleibt 1.000 DM. Die Zinsen für diese Formen sind verglichen mit anderen Anlageinstrumenten, wie Obligationen, niedrig. Geld auf einem Privatkonto kann höchstens seinen Wert erhalten, aber es verdient kein Geld. Dafür haben diese auch praktisch kein Risiko.

Halten Sie Ordnung in Ihren Konten
Es kommt oft vor, daß man zu viele Konten bei verschiedenen Banken hat. Häufig geht dabei die Übersicht verloren, wie im Fall von Michael und Anna Schmid.

Grundsätzlich reichen folgende Konten:

• *Konto für Zahlungsverkehr, wie Gehalt, Ein- und Auszahlungen, Überweisungen, Kreditkarte*
Dieses Konto ist sozusagen Ihre Kasse bei der Bank – es kann auch die Post sein – anstelle Ihres Portemonnaies in Ihrer Hosen- oder Handtasche. Sie können mittels Bankauszügen auch gut Ihre Ausgaben für die Lebenshaltung überprüfen. Verfahren Sie mit diesem Konto so, wie die Unternehmen ihr Cash-Management handhaben. Sorgen Sie dafür, daß genügend Liquidität auf diesem Konto ist, jedoch nicht überreichlich. Aus Ihrem Topf 1 wissen Sie, was monatlich an Ausgaben anfällt, dann können Sie noch eine Sicherheitsmarge von zehn Prozent dazurechnen. Mehr als diese Summe muß nicht auf dem Privatkonto sein. Bei ständig hohen Beständen vergeben Sie sich die Chancen eines besseren Zinsertrages.

- *Sparkonto für größere Ausgaben, Wünsche sowie für Notfälle*
  Aus der Aufstellung im Topf 1 wissen Sie bereits, wie hoch die größeren und nur wenige Male im Jahr anfallenden Beträge sind, beispielsweise für Reisen, für Weiterbildung. In der Schweiz, wo die Steuern nicht direkt an der Quelle, also bei der Gehaltszahlung, abgezogen sondern erst aufgrund der Veranlagung erhoben werden, gehören auch die zu erwartenden Steuerzahlungen auf das Sparkonto. Das Sparkonto ist auch für den Notgroschen bestimmt. Die Höhe des Notgroschens richtet sich nach den Bedürfnissen und Lebensumständen. Catherine Meier kam mit einem Notgroschen in der doppelten Höhe ihres monatlichen Lebensstandards aus. Dora Jensen fühlte sich mit einem Notgroschen in Höhe eines Jahresbedarfs für den Lebensstandard wohl.

- *Vermögensaufbau mit Depot und Konto, das nur für Vermögenstransaktionen dient.*
  Auf diesem Konto fallen die Erträge aus den Vermögensanlagen an, und die Gebühren für die Verwaltung des Vermögens werden abgebucht. Wenn Sie das Konto mit anderen Ein- und Auszahlungen mischen, erschwert Ihnen dies die Übersicht, wie sich Ihr Vermögen tatsächlich entwickelt.

- Fallweise ein Konto, das der Altersvorsorge dient, wie in der Schweiz das Sparen-3-Konto.

Übung 5: Die optimale Bewirtschaftung Ihrer Konten

Vergleichen Sie die Beträge Ihrer Ist-Zahlen mit jenen, die für Ihre Finanzplanung optimaler geeignet sind.

Kontoart	Ist	Optimale Höhe
Konto für Zahlungsverkehr und Kreditkartensortiment		
Sparkonto zum Ansparen für größere Ausgaben wie Steuern, Reisen, Notgroschen		
Konto im Zusammenhang mit dem Depot für Vermögensaufbau	Bereits bestehend Ja ☐ Nein ☐	
spezielle Vorsorgekonten (Beispiel Schweiz: Sparen-3-Konto)	Bereits bestehend Ja ☐ Nein ☐	

Wertpapiere Die Welt der Finanzprodukte ist heute ungeheuer vielfältig und komplex. Dies wird schon deutlich, wenn Sie nur eine der großen Tageszeitungen, wie die Frankfurter Allgemeine Zeitung oder Neue Zürcher Zeitung, in die Hand nehmen. In einem eigenen Bund haben Sie ein riesiges Angebot an Informationen über Instrumente. Im folgenden werden nur die Grundbausteine des Anlagebaukastens beschrieben. Die Weiterentwicklungen, wie die Gruppe der derivativen Instrumente und der hybriden Produkte, sind nichts anderes, als ein Auseinandernehmen und Neuzusammensetzen der Bestandteile der Grundprodukte.

Obligationen oder Anleihen, englisch: Bonds, deutsch: Rentenpapiere Eine Obligation ist eine Schuldverschreibung, die in Form eines Wertpapiers gekleidet ist. Der Regelfall ist, daß die Schuldverschreibung auf einen bestimmten Inhaber lautet, zum Beispiel das Land Baden-Württemberg oder die Schweizerische Eidgenossenschaft. In der Regel wird eine bestimmte Zinshöhe festgelegt und eine definierte Laufzeit mit dem entsprechenden Fälligkeitstermin, zu dem der Schuldner zurückzahlt. Ebenso werden die Termine der Zinszahlung bestimmt. »In der Regel« heißt hier, daß viele der Bestandteile, wie Zins, Laufzeit und Rückzahlung auch anders ausgestaltet sein können.

Noch immer sind Anleihen weltweit das bedeutendste Mittel für die Geldbeschaffung sowohl für öffentliche Institutionen als auch für Unternehmen. Für den Einstieg in die Welt der Obligationen ist aus der Sicht des privaten Anlegers vor allem die Schuldnerqualität wichtig. Damit ist gemeint, ob der Schuldner die versprochenen Zinszahlungen leistet und er schließlich seine Schuld auch zurückzahlen kann. Für die Beurteilung der Schuldnerqualität steht das Rating zur Verfügung. Es gibt zwei große Agenturen für die Bewertung: Standard & Poors und Moody's. Die Einteilung ist etwas unterschiedlich, aber zumindest in den groben Kategorien ist eine Deckungsgleichheit vorhanden: So bedeutet drei »A« die beste Qualität, »B« die Mittelklasse und bei »C« wird es risikoreich. Die unterschiedliche Qualität äußert sich in der Höhe der Zinsen. So hat eine Drei-»A«-Obligation niedrigere Zinssätze als eine »B«-Obligation.

Das Zinsniveau für alle Obligationen eines Landes wiederum wird von der Geldpolitik der Notenbanken (Deutsche Bundesbank und Europäische Zentralbank oder für die Schweiz die Schweizerische Nationalbank) bestimmt. Das Auf und Ab der Zinsentwicklung beeinflußt die an der Börse notierten Kurse für Obligationen. Damit ändert sich auch die Rendite der Obligationen. Obligationen haben gegenüber den vorgenannten Cashinstrumenten also ein größeres Risiko, aber dafür auch höhere Renditen.

Eine Aktie ist grundsätzlich etwas anderes als eine Schuldverschreibung. Aktien sind Anteilscheine an einer Gesellschaft. Als Aktienbesitzer ist man Miteigentümer der Aktiengesellschaft. Der Aktionär hat Mitgliedschaftsrechte und Vermögensrechte, während der Obligationär eine Forderung an das Unternehmen hat. Zur Verdeutlichung des Unterschieds spricht man deshalb

Aktien

125

bei Aktien von Sachwerten und bei Obligationen von Nominalwerten. Aus diesen Unterschieden ergibt sich, daß die Preisbildung unterschiedlich ist. Der Ertrag von Aktien beruht auf zwei Elementen. Zum einen aus den erwarteten Dividenden und zum anderen aus den erwarteten Kurssteigerungen. Mit dem Wort »Erwartung« wird der wichtigste Unterschied zur Obligation aufgezeigt, denn bei Obligationen sind die Erträge (Zins und Tilgung) vertraglich fixiert. Bei der Aktie hängt jedoch die Dividende vom Erfolg und der Dividenden-Politik des Unternehmens ab. Die Kursentwicklung der Aktie an der Börse wird von den Zukunftsaussichten des Unternehmens beeinflußt und auch noch vom gesamten wirtschaftlichen Umfeld. Aktienmärkte, wie sie beispielsweise im DAX repräsentiert sind, bewegen sich aufwärts oder abwärts. Kurz zusammengefaßt, was der Anleger dringend wissen muß: Aktien sind mit größeren Unsicherheiten bzw. Risiken behaftet. Die Kehrseite ist, daß die Erträge oder Renditen höher sind als bei Obligationen. Wer größere Risiken eingeht, wird zumindest in der längeren Frist belohnt.

Für die Anlage in Aktien gibt es einige Grundregeln, die sich im Laufe der Zeit bewährt haben. Es lohnt sich, diese zu beachten, man muß dafür kein Finanzmarktexperte sein. Das höchste Risiko gehen Sie ein, wenn Sie Ihre Mittel auf eine einzige Aktie setzen. Durch eine breite Diversifikation in Aktien verschiedener Firmen können Sie das Risiko vermindern. Unter einem diversifizierten Aktiendepot versteht man ein Depot, daß für jeden Markt, zum Beispiel Deutschland, zehn Aktien von bedeutenden, also in diesem Fall deutschen Unternehmen enthält. Der Zweck der Diversifikation ist, daß das Einzeltitelrisiko ausgeschaltet wird und sozusagen nur das Marktrisiko zu tragen ist. Das Auf und Ab der Märkte kann man nicht ausschließen, das Marktrisiko muß man tragen. Wenn man die Regeln der Diversifikation respektiert, dann ist unschwer zu erkennen, daß eine Direktanlage in Einzeltiteln ein Vermögen in Höhe von mindestens einer Million erfordert. Unterhalb dieser Summe kann die Diversifikation nicht optimal erreicht werden. Es stehen jedoch dafür Fonds zur Verfügung, die nach den Regeln der Diversifikation aufgebaut wurden.

Aktienfonds kann man sich als Körbe mit Aktien vorstellen, an denen man einen Anteil kaufen kann. Heute bieten fast alle Banken Fonds an, bei denen man schon mit sehr kleinen Summen Anteile kaufen kann. Die einfachste und von der Wissenschaft sehr empfohlene Art von Fonds sind Indexfonds, die praktisch die Titel einer Börse enthalten, gewichtet nach ihrem Anteil, zum Beispiel DAX oder dem SMI (Schweiz). Die Renditen dieser Indexfonds entsprechen mit nur geringen Unterschieden jenen des entsprechenden Index (DAX, Standard & Poors 500, SMI). Indexfonds gehen von der Überlegung aus, daß man nicht schlauer als der Markt sein kann, also bildet man den Markt ab. Im Gegensatz zu den Managementgebühren für die aktiv gemanagten Fonds sind jene für Indexfonds sehr niedrig.

In der Finanzplanung ist es zweckmäßig, mit Langfristrenditen zu rechnen. Die Langfristrendite umfaßt einen Zeitraum von zehn Jahren. Außerdem werden nicht nur nominale Renditen, sondern vor allem das reale Ergebnis betrachtet. Nichts zehrt so beharrlich an einem Vermögen wie Inflation. Die richtige Art und Weise, Realzinsen und Nominalzinsen zu berechnen, ist komplex. Theoretisch korrekt wären Erwartungswerte für Inflation und Zinsen. Als praktisch handhabbarer Wert werden jedoch Vergangenheitszahlen benützt. Es handelt sich also um Richtgrößen oder Trendaussagen, die für eine Reihe von Industrieländern Gültigkeit haben. In der Planung ist angebracht, mit vorsichtig geschätzten Renditen zu rechnen. In der Regel ist es so, daß man eher damit umgehen kann, daß das Ergebnis besser als erwartet ist, als daß man seine Vermögensentwicklung drastisch überschätzt hat. Mit den in der Tabelle abgebildeten realen Renditen wurden die Beispiele von Catherine Meier, Herbert Weiß, Dora Jensen, Albert Müller und den Schmids gerechnet. Sie können diese Werte als Ausgangspunkt für Ihre persönliche Finanzplanung verwenden, diese geben Ihnen sicher die richtige Richtung an.

Renditen von Wertpapieren

Renditen von Anlageinstrumenten

10-Jahresdurchschnitt	Zins/ Rendite nominal %	Inflation %	Gebühren %	Zins/ Rendite real %
Aktien	8	2,8	1	4,2
Obligationen*	5,06	2,8	1	1,26
Cash**	2,8	2,8		0

* Die Werte von Lebensversicherungen sind mit denen von Obligationen vergleichbar.
** Cash umfaßt liquide Anlagen, wie Giro-/Privatkonten, Sparkonten, Geldmarktanlagen.

Altersregel für die Zusammensetzung des Vermögens

Eine weitere Faustregel für das Vermögen ist: »Nicht alle Eier in einen Korb legen«. Damit ist die Verteilung auf die verschiedenen Anlagevehikel Cash, Obligationen und Aktien gemeint. Der Fachausdruck dafür ist Asset Allocation. Der Erfolg des Vermögensaufbaus hängt zu 80 Prozent von der Asset Allocation ab. Die Aufteilung des Vermögens, die Asset Allocation, muß der Lebensphase, dem Finanzpotential und dem Investitionsverhalten entsprechen. Eine erste grobe Abbildung für die Lebensphase ist das Alter. Für die Aufteilung des Vermögens in Aktien und Obligationen wird die Altersregel angewandt. Der Obligationenanteil entspricht dem Alter, der Aktienanteil sollte 100 minus das Alter betragen. Die Altersregel bildet den Ausgangspunkt für die Auswahl der Anlagevehikel und wird dann entsprechend der Geldpersönlichkeit und dem Planungsprozeß modifiziert. Eine selbständige Unternehmerin mit einem kleinen Betrieb, der zudem noch stark abhängig von konjunkturellen Einflüssen und Trends ist, beispielsweise die Modebranche, hat ein Finanzpotential, das starken Schwankungen ausgesetzt ist. Sie tut gut daran, ihr Vermögen vorwiegend in Obligationen anzulegen und nicht in Aktien, die wesentlich stärker den Marktrisiken ausgesetzt sind. Ein Beamter dagegen mit stabilen Einkommens- und Pensionsaussichten, also sehr stabilem Humankapital, kann sein Vermögen wesentlich risikoreicher anlegen.

Es verwundert allerdings nicht, daß häufig gerade das Umgekehrte geschieht. Der Grund dafür ist, daß die Gesamtschau fehlt. Wenn die Unternehmerin eine risikofreudige Geldpersönlichkeit hat, dann ist sie schlecht beraten, wenn sie zu den Risiken in ihrer Tätigkeit auch noch die Risiken auf den Finanzmärkten auf sich nimmt. Dies kann dann manchmal bitter enden, wenn sie ausgerechnet in einem Rückgang der Aktienkurse aufgrund einer schlechten Entwicklung in ihrem Geschäft auf ihr Vermögen zurückgreifen muß. Ein anderes Beispiel, das bei Selbständigen noch oft anzutreffen ist: Sie investieren in Immobilien, weil sie diese für vermeintlich sicher halten. Immobilien sind jedoch ähnlich risikobehaftet wie Aktien. Hinzu kommt noch, daß eine Immobilie im Krisenfall meist nur mit Einbußen an Wert verkauft werden kann.

TIPS FÜR DIE LEBE-MORGEN-TYPEN

Die Lebe-morgen-Typen zeichnen sich dadurch aus, daß sie ihre Ausgaben meist gut im Griff haben. Es resultiert ein ständiger Überschuß der Einnahmen. Je nach Lebensphase und Umständen kann dieser zwar klein sein, jedoch wird es einen positiven Saldo geben, der größer ist als das, was der Notgroschen erfordert. Es besteht eine eindeutige Vorliebe für Sicherheit. Dies bedeutet häufig, daß das Geld auf dem Sparkonto und/oder in Versicherungen stecken bleibt. Bei den Lebe-heute-Menschen liegt der wichtigste Hebel für die Verbesserung der Finanzen in der Änderung der Struktur der Ausgaben, bei den Lebe-morgen-Typen dagegen in der Änderung der Struktur des Vermögens.

Tip 1: Das eigene Sparverhalten aus einer längerfristigen Perspektive betrachten

Überlegen Sie, wie lange Sie welche Summe Geld auf dem Sparkonto liegen haben. Wenn Sie nahe an zehn Jahre kommen, dann rechnen Sie anhand der Renditen für Anlagen (Seite 128) aus, welchen Ertrag Sie bei einer Anlage in Aktien oder in Obligationen erreicht hätten. Bedenken Sie auch die Folgen der Inflation, die am Beispiel des Anlageverhaltens von Beamten zu beobachten sind. Diese legen häufig »sicher« an, vergessen dabei jedoch, daß sie insgesamt vor allem Nominalwerte besitzen. Einkommen und Pension haben nicht unbedingt einen Inflationsschutz, das heißt, sie steigen nicht immer im Ausmaß der Inflation, so daß die Kaufkraft erhalten bliebe. Haben sie dann auch ihr gesamtes Vermögen in Form von Sparguthaben, festverzinslichen Wertpapieren oder Lebensversicherungen angelegt, so ist auch dieses dem Geldverzehr durch Inflation ausgesetzt. Sparorientierte Geldpersönlichkeiten sollten ihre Geldanlagen mit dem Anlagehorizont in Übereinstimmung bringen. Die Faustregel ist, je mehr Zeit Sie zur Verfügung haben, desto mehr können Sie risikoreicher anlegen.

Tip 2: Den Zusammenhang zwischen Risiko und Ertrag erkennen

Der Zusammenhang zwischen Risiko und Ertrag (Rendite) ist ein von der Finanzmarkttheorie ziemlich gut erforschtes Gebiet. Zwar ist die Definition des Risikos als Schwankungsbreite (Volatilität oder Standardabweichung) des betreffenden Wertpapiers nicht unmittelbar einleuchtend. Die Forschungsergebnisse dienen jedoch auf alle Fälle dazu, sich über das Risiko einer Anlage ein Bild zu machen und vor allem die Risiken verschiedener Anlagen miteinander zu vergleichen. Das Ergebnis aus den Vergleichen wird der sparorientierten Geldpersönlichkeit zeigen, daß sie sich mehr Risiko leisten kann, als sie meint.

Tip 3: Definieren Sie die Summe, die immer übrigbleibt

Jenen Geldbetrag, der regelmäßig als Bodensatz übrig bleibt, können Sie getrost in eine risikoreichere, sprich auch ertragreichere Anlage stecken. Das Bedürfnis nach Sicherheit wird darunter nicht leiden. Es wäre doch schade, wenn sich Ihr Sparen nicht lohnen würde. Zum Beispiel stehen für kleinere Beträge Aktienfonds zur Verfügung.

Tip 4: Legen Sie diese Summe gemäß Ihren Wertestrukturen an

Denken Sie an das Beispiel von Dora Jensen, die gemäß Ihren persönlichen Wertestrukturen angelegt hat. Sie investierte ihr Geld in Unternehmen, die sie kannte. Sie können auch andere Wertestrukturen haben. So kann Ihnen das schonende Umgehen mit der Umwelt viel bedeuten. Diese Wertehaltung können Sie auch in Ihrer Anlagestrategie abbilden und ausschließlich in Unternehmen investieren, die für ihre ökologischen Produkte und Produktionsprozesse bekannt sind. Es gibt heute – wenn auch noch nicht so zahlreich – Fonds, die nach ökologischen, sozialen und ethischen Kriterien Investitionen in entsprechende Firmen vornehmen.

Übung 6: Beurteilung der Zusammensetzung Ihres Vermögens

1. *Stellen Sie fest, wie Ihr Vermögen aufgeteilt ist. Wie hoch ist der Anteil an Aktien, der Anteil an festverzinslichen Wertpapieren, der Anteil an Cash?*
   Bei Aktien: Ist die Diversifikationsregel erfüllt? Zehn Titel pro Markt?
2. *Wie verhält sich Ihre Vermögensaufteilung in bezug auf die Altersregel? Sind die Abweichungen begründet? Beispielsweise durch besondere Ereignisse, durch eine besonders hohe oder besonders tiefe Risikoneigung?*

Versicherungen Kapitalbildende Lebensversicherungen dienen als Spartopf. So kann man für das Alter ansparen und in Form von Rentenleistungen im Alter wieder entsparen. Gespart werden kann mittels regelmäßig bezahlter Prämien oder in Form einer Einmaleinlage. Versicherungen stehen also in Konkurrenz zum Sparen auf dem Sparheft oder in Wertpapieren. Ein zentraler Unterschied ist, daß die Basis der Versicherung Verträge sind. Vertragsauflösungen sind immer mit Folgen verbunden, eine Obligation oder Aktie können Sie dagegen jederzeit an der Börse verkaufen. Jeder vorzeitige Ausstieg aus einem Lebensversicherungsvertrag bringt eine erhebliche Vermögenseinbuße mit sich.

Laufzeit Bei einer Versicherung ist die Laufzeit eine entscheidende Größe. Die Laufzeiten sind lang. Für regelmäßige Prämien sind 30 Jahre Laufzeit der Durchschnitt, für Einmaleinlagen 15 Jahre. Wichtig für Ihre Finanzen ist, daß die Laufzeit zu Ihrer persönlichen Lebensphase passen muß. Für einen Jungunternehmer ist beispielsweise Flexibilität wichtig. Er kann nicht voraussagen, wieviel Prämien er tatsächlich jährlich zahlen kann, denn sein Einkommen wird stark schwanken. Er sorgt für seine Familie besser vor mit einer einfachen, jeweils nur auf ein Jahr beschränkten Todesfallversicherung als mit einer Lebensversicherung mit einer langen Laufzeit.

Rendite Die Rendite einer kapitalbildenden Versicherung wird durch zwei Komponenten bestimmt: technischer Zinssatz und Überschußrendite oder Bonus. Der technische Zinssatz ist während der Laufzeit der Versicherung garantiert. Die Höhe dieses Satzes wird von den Behörden vorgeschrieben. In der EU darf der technische Zinssatz nicht höher sein als 60 Prozent des zehnjährigen Durchschnitts von Staatsanleihen. In der Schweiz wird der technische Zinssatz vom Bundesamt für Privatversicherung vorgeschrieben. Er orientiert sich ebenfalls an der durchschnittlichen Rendite der Bundesobligationen. Der Bonus hängt von der Anlagepolitik der Versicherungsgesellschaft ab. Der Wettbewerb der Versicherer spielt sich also über den nicht garantierten Bonus ab. Neu im Angebot sind fondsgebundene Versiche-

rungen. Eine Zinsgarantie gibt es nicht mehr. Man hat am Erfolg oder Miß-
erfolg der Fondsentwicklung teil.

In vielen Ländern sind Versicherungen steuerlich begünstigt, das heißt man
genießt eine Steuerersparnis. Aber was heute positiv aussieht, kann langfristig ein Bumerang sein, denn Steuergesetze können sich ändern. Darum
muß eine Versicherung im Finanzkonzept auch ohne Steuerersparnis sinnvoll sein.

<u>Übung 7:</u> Beurteilung Ihrer Versicherungen

1. *Überprüfen Sie Ihre bestehenden Versicherungen unter folgender Überlegung: Risiken sind versicherbar, und Sicherheit kostet. Die Risikoabsi-
   cherung muß den entsprechenden Preis wert sein.*
2. *Überprüfen Sie gleichzeitig die Laufzeiten Ihrer Versicherung. Entsprechen diese Ihrer Lebensphase und Ihrem Planungshorizont?*

Wohnen ist ein Grundbedürfnis. Meinungsumfragen in praktisch allen Län- Immobilien
dern ergeben ähnliche Ergebnisse: Die eigenen vier Wände sind erstre-
benswert. Sie bieten Sicherheit vor Kündigung, Geborgenheit für die Familie, finanzielle Reserve, sind Vorsorge fürs Alter, und sie bedeuten einen
bleibenden Wert als Erbe für die kommende Generation. Der Besitz von
Immobilien stellt für viele einen der wichtigsten Pfeiler des Vermögens dar.
Die überwiegende Mehrheit der europäischen Länder haben Wohneigen-
tumsquoten über 50 Prozent. Nur die Schweiz, Deutschland und Österreich
liegen unter fünfzig Prozent. Dies dürfte mit dem starken Schutz der Mieter in diesen Ländern zusammenhängen. Allerdings nimmt der Kauf von
Eigentum auch in diesen drei Ländern zu. »Kann ich mir den Wunsch nach
dem Eigenheim erfüllen?« gehört zu den am häufigsten gestellten Fragen
an den Finanzplaner.

Wert einer Immobilie Objektive Preise, wie für Kurse von Wertpapieren, gibt es jedoch für Häuser nicht. Jedes Objekt ist anders. Häuser sind komplexe Güter. Den »richtigen Preis« gibt es nicht. Aus der Erfahrung haben sich vier Kriterien bewährt, die den Wert wesentlich beeinflussen:

- Die Lage des Hauses. Dies ist eine gegebene Größe. Die Standortvorteile und -nachteile sind nicht – bzw. nur in geringem – Umfang veränderbar.
- Qualität des Baues in architektonischer und bautechnischer Hinsicht.
- Zustand des Hauses.
- Markttauglichkeit: Damit ist gemeint, daß das Haus nicht nur ganz speziellen Bedürfnissen dient, die nur auf einen bestimmten Besitzer zugeschnitten sind, sondern den Wohnanforderungen vieler entspricht.

Wenn Sie unsicher über den Wert einer Immobilie sind, können Sie eine Schätzung vornehmen lassen. Banken verfügen in der Regel über eigene Abteilungen für Schätzungen. Die Wertfestsetzung aus der Sicht der Banken ist meist vorsichtig. Banken belehnen ja Immobilien, und im Falle eines Konkurses will die Bank sicher sein, mindestens einen Wert zu haben, der die hypothekarische Verschuldung deckt. Schätzungen von unabhängigen Stellen, meist gibt es auch offiziell anerkannte Schätzer, ergeben in der Regel einen Wert, der näher an dem Preis liegt, der am Markt erzielt werden könnte.

Werterhaltung Häuser werden älter. Dem muß mit Rücklagen für Renovationen Rechnung getragen werden. Auch Bauten haben Lebensphasen mit unterschiedlichen Anforderungen, sprich Kosten, um den Wert zu erhalten. Werterhaltung meint nicht nur den neuen Anstrich oder den Ersatz alter Apparate. Es geht vielmehr um die Erhaltung der Gebäudesubstanz und die Anpassung an den Fortschritt der Bautechnik. Ein Beispiel dafür sind energiesparende bauliche Maßnahmen, die ganz schön ins Tuch gehen können. Faustregeln besagen, daß für Häuser nach 30 Jahren rund 32 Prozent der Herstellungskosten aufgewendet werden müssen, nach 50 Jahren 38 Prozent und nach 75 Jahren 42 Prozent. Wer heute ein Haus für eine Million

DM baut, sollte also innerhalb 30 Jahren einen Renovationstopf von 320.000 DM ansammeln. Bei einer Verzinsung von fünf Prozent würde dies eine jährliche Rücklage von 4.600 DM bedeuten. Für die meisten Hausbesitzer ist oft überraschend, daß der Posten Fremdzinsen geringer ist als die Aufwendungen, die aufgrund der Alterung der Gebäude anfallen.

Die Finanzen müssen nicht nur zum Zeitpunkt des Kaufs der eigenen vier Wände stimmen, sondern der Unterhalt eines Hauses muß tragbar sein. Aufgrund der Angaben aus Ihrem Topf 1 wissen Sie Ihre Ausgaben für Heizung, Nebenkosten und so fort. Vergessen Sie nicht, auch Ihren persönlichen Arbeitsaufwand zu berücksichtigen, beispielsweise für ein großes Haus mit Garten. **Unterhaltskosten**

Immobilien sind auch meist ein Vermögenswert, der mit Schulden verbunden ist. Eine wichtige Frage beim Eigenheim ist immer die Höhe der Verschuldung, oder anders formuliert, wieviel Eigenkapital ist zum Erwerb nötig? Eine goldene Faustregel besagt, 40 Prozent des Wertes sollte Eigenkapital sein und 60 Prozent fremdfinanziert. Mit dieser Faustregel sind Sie gegen Wechselfälle des Daseins optimal abgesichert. Auch jede Bank finanziert mit dieser Eigenkapitaldecke das Objekt sozusagen blind. Allerdings wäre damit der Traum von den eigenen vier Wänden für viele nicht realisierbar. Ihre individuelle Verschuldensgrenze hängt von Ihren persönlichen Umständen und Aussichten ab. Diese herauszufinden, dazu dient ja gerade das persönliche Finanzkonzept. **Finanzierung von Immobilien**

Für Hausbesitzer und jene, die es werden wollen, ist die Zinsentwicklung zentrales Thema, denn diese macht einen gewichtigen Teil der monatlichen Belastung aus. Ob die Zinsen in fünf Jahren noch so niedrig wie heute sein werden, ist nicht vorhersehbar. Es könnte sein, daß man nach Ablauf einer fünfjährigen Festhypothek von fünf Prozent mit einer Verdoppelung konfrontiert ist. Auch für Hypotheken gilt, daß man mit einem diversifizierten Schuldenpaket besser fährt. Die Staffelung von Fälligkeiten hilft, Zinsüberraschungen besser zu überstehen. Banken bieten Laufzeiten von zwei bis fünfzehn Jahren und teilweise auch noch länger an. Sie können nun einen Hypothekarkredit von 600.000 DM in Tranchen mit unterschiedlichen Laufzeiten staffeln. So werden die Zinsbewegungen geglättet und Sie landen nie mit dem gesamten Betrag in einem Zinshoch. Die Vielfalt der Hypothekarmodelle ist groß. Den Spitzenreiter unter den Modellen gibt es nicht. Bei Hypotheken gibt es immer mehrere Varianten. Die Wahl wird einfacher, wenn die Rechnungen für verschiedene Modelle vergleichbar sind. Haben Sie keine Scheu, Ihren Bankberater zu fragen, denn der Hypothekarkunde ist für die Banken sehr interessant.

Staatliche Förderung des Eigentums Bei der Finanzierung taucht auch sofort das Thema der staatlichen Eigentumsförderung und der steuerlichen Folgen auf. Mein Rat ist, fangen Sie nicht als erstes an, sich mit den komplizierten steuerlichen Förderungsmaßnahmen auseinanderzusetzen. Finden Sie zunächst heraus, welche Immobilie in Ihr persönliches Finanzkonzept paßt, und beschaffen Sie sich die notwendigen Unterlagen. Dann ist es im nächsten Schritt zweckmäßig, mit einem Experten das passende Förderungspaket herauszufinden.

Übung 8: Für Eigenheimbesitzer

Stellen Sie für Ihre Immobilie eine Gesamtrechnung auf:
1. Schuldzinsen für Hypotheken und/oder Guthabenzinsen für das eingesetzte Eigenkapital
2. Aufwendungen für den Unterhalt
3. Rücklagen für Renovation

Wertgegenstände Wenn Sie schon dabei sind, Ihre Vermögenswerte aufzustellen, dann schauen Sie sich in Ihrem Heim um: Was hat sich an Werten angesammelt? Schmuck, Antiquitäten, Kunstgegenstände, Briefmarkensammlung kommen dabei als erstes in den Sinn. Gehen Sie noch einen Schritt weiter: Versuchen Sie ganz grob zu schätzen, welche Geldbeträge in Ihrem Bücher-schrank, in Küche, Möbeln, Heimelektronik, Wäsche- und Kleiderschrän-ken und so fort stecken. Es werden Ihnen dabei allerhand Gedanken durch den Kopf gehen. Vermutlich kommen Sie auch zur Frage nach Ihrem Le-bensstandard zurück: Stimmt Ihr Besitz mit Ihren persönlichen Werten überein?

Diese Bestandsaufnahme bietet auch eine Gelegenheit, die Hausratsversi-cherung auf den neuesten Stand zu bringen. Je nach Lebensphase können Sie auch überlegen, wem Sie dereinst dieses oder jenes Stück hinterlassen möchten.

Menschen verhalten sich unterschiedlich, wenn es darum geht, wie sie ein **Erbe** Erbe in ihre eigene Vermögensbilanz einrechnen. Es gibt jene, die – auch wenn sie ein großes Erbe zu erwarten haben – dieses nicht in ihrem Ver-mögen berücksichtigt haben wollen. Es wird wie eine Lotterie behandelt, es besteht die Chance, vielleicht etwas zu erhalten. Wieder andere bezie-hen ein mögliches Erbe fest in ihre Rechnung ein. Manche bauen fast kein eigenes Vermögen auf, sondern verlassen sich ganz auf ihr Erbe, oft ohne eine konkrete Vorstellung zu haben, wieviel es denn sein könnte. Wenn man Menschen um die Mitte des Lebens die Frage stellt, ob Sie ein Ziel ha-ben, welches Vermögen sie hinterlassen wollen, dann lautet die Antwort meistens: »Darüber habe ich noch nie nachgedacht.« Manche weisen auch die Frage empört zurück: »Wir mußten selbst knapp durch, die Jungen sol-len froh das annehmen, was bleibt.«

Neben der persönlichen Sicht gibt es auch zwei objektive Gründe, warum heute Erbschaften nicht als ein glücklicher Zufall, sondern geplant erfol-gen sollten:

• Längere Lebenserwartung
   Der Erbfall tritt infolge der Verlängerung der dritten Lebensphase

heute meist erst ein, wenn die Kinder – die Erben – selbst schon die Mitte des Lebens überschritten haben. Mit fünfzig oder sechzig Jahren ist jedoch finanziell schon viel gelaufen, so daß der Mehrwert, den das Erbe bringt, nicht mehr so stark zum Tragen kommt. Zum Beispiel bei jener 65jährigen, die ihr Leben lang knapp durchmußte, zwei Kinder studieren ließ und dann, als ihre Mutter fast 90jährig starb, ein Vermögen von drei Millionen erbte. Die Verwaltung dieses Vermögens löste bei ihr mehr Sorgen als Freude aus. Fast traut sie sich auch nicht, eine größere Summe Geld für sich auszugeben.

- Wirtschaftliche Aussichten
  Die letzten 50 Jahre waren in den Industrieländern von einem historisch beispiellosen Wachstum getragen. Im Durchschnitt konnte die Baby-Boom-Generation für den größten Teil ihres Erwerbslebens mit steigenden Einkommen rechnen. Vermögen konnte ohne große Einschränkungen aufgebaut werden. Ob dies auch für die Generation der heute Zwanzig- bis Dreißigjährigen gilt, scheint nicht mehr so sicher. Die Grenzen rein quantitativen Wachstums sind seit längerem sichtbar. Die Argumente für kleinere Wachstumsraten sind zahlreicher als jene für ein ähnlich starkes Wachstum wie in der Vergangenheit. Außerdem scheint es so, daß die Streubreite größer wird. Profitierte in den fünfzig Jahren der Nachkriegszeit eine große Mehrheit vom Wachstum, so wird heute die Einkommens- und Vermögensverteilung ungleicher. Was hat dies nun mit dem Erben zu tun? Der Zeiteffekt des Sparens ist die Antwort.

Wenn Sie heute einem 25jährigen für den Aufbau seines Unternehmens einen Erbvorbezug von 100.000 DM geben, dann hat er eine lange Zeitspanne vor sich, diese 100.000 DM einzusetzen. Durch eine Umverteilung des Vermögens auf eine jüngere Generation mit einem längeren Zeithorizont kann das an sich zu erwartende geringere Wachstum der Wirtschaft im Einzelfall etwas ausgeglichen werden. Je

nach Situation kann auch die ungleiche Verteilung der Vermögen ge-
mildert werden.

Das Erbe ist Teil der persönlichen Vermögensbilanz und sollte ebenso **Erbe als Teil**
nüchtern und transparent wie die anderen Vermögenswerte behandelt **der Finanz-**
planung
werden. Mit dem Erfordernis »nüchtern« soll ausgedrückt werden, daß die
Wechselfälle des Daseins und die damit verbundene Unsicherheit berücksichtigt werden sollten. Sicher können Menschen mit anderer Geldpersönlichkeit nicht so nüchtern sein wie etwa Dora Jensen. Jene mit einer Spar-
mentalität werden eher den Besitz wahren wollen, jene mit einer Ausga-
benorientierung werden eher für seinen Verbrauch plädieren. Ehepaare
mit unterschiedlichen Merkmalen der Geldpersönlichkeit tun gut daran,
einen Konsens für ihre unterschiedlichen Werte zu finden. Reibereien und
Streit lassen sich so besser vermeiden. Die Forderung nach transparenten
Vermögenswerten meint nichts anderes, als daß Kinder und Eltern den
Mut aufbringen müssen, einander ihre finanzielle Lage darzulegen. Meist
herrschen Illusionen und Mutmaßungen über die Höhe des Erbes vor. Dies
sät letztlich Mißtrauen. Meiner Erfahrung nach hilft es, wenn die Kinder
den Eltern ihre eigene Finanzplanung darlegen. Auch sehr sparorientierte
Eltern können unschwer erkennen, daß 50.000 DM heute vererbt, dem
Sohn oder der Tochter weit mehr bringen, als wenn diese auf dem Konto
der Eltern bleiben. Transparenz hilft auch einen wichtigen Punkt zu klären,
nämlich jenen einer möglichen Verpflichtung gegenüber den Eltern. Ein
häufiges Thema für die amerikanischen Finanzplaner sind die finanziellen
Sorgen der »Sandwich«-Generation. Das sind jene, die einerseits für die
Ausbildung ihrer Kinder aufkommen müssen und zum anderen für die finanzielle Unterstützung ihrer Eltern, da in den USA die staatliche Altersvorsorge weniger stark ausgebaut ist. Außerdem haben viele die lange Lebenserwartung nicht in Betracht gezogen.

Für den Erbfall sind auch steuerliche Gesichtspunkte einzubeziehen. Es
kann sein, daß dank einem Erbvorbezug oder einer Schenkung der Erblas-

ser selbst Einkommens- und Vermögenssteuern spart. Wenn dieser beispielsweise einen hohen Grenzsteuersatz hat, der Sohn oder die Tochter dagegen noch in der unteren Progressionsstufe sind, dann zahlen sie zusammen weniger Steuern.

Streit ums Erbe vermeiden

Eine andere Erfahrung ist, daß es kaum einen Erbfall gibt, bei dem nicht ums Erbe gestritten wird. Nur etwa ein Viertel setzen sich mit der Frage des Vererbens, des Testaments auseinander. Noch seltener wird in der Familie offen darüber gesprochen. In der Beratung gehören Streitereien ums Erbe zu jenen Fällen, bei denen kaum allseits befriedigende Lösungen erzielt werden können. Es gibt fast immer einen Erben, der unzufrieden ist und findet, die Erbteilung stimme nicht ganz. Dieses Problem ist jedoch grundsätzlich nicht lösbar, weil eben der Erblasser selbst nicht mehr da ist und es unterlassen hat, seinen Willen klar darzulegen.

Am einfachsten und sozusagen am gerechtesten vererben sich objektiv in Geld ausdrückbare Werte, wie ein Wertpapierdepot. Dafür gibt es Marktpreise, und es kann einfach geteilt werden. Für alle anderen Werte gilt: Sie vermeiden Streit unter den Erben, wenn Sie selbst eine direkte Zuteilung bestimmen. Dann kann zwar der eine oder andere finden, er sei ungerecht behandelt worden, der Zorn richtet sich jedoch auf den Toten. Es entbrennt kein Streit um das Bärenfell, es ist verteilt. Immobilien sind schwierig zu bewerten. Auch Schätzpreise sind nur ein hinkender Ersatz. Sie vermeiden Streit, wenn Sie bestimmen, wie der Wert berechnet werden soll. Beispielsweise können Sie vorschlagen, daß das Haus am Markt angeboten werden soll und dieser Wert dann zur Teilung genommen wird. Oder der Wert wird von einem amtlichen Schätzer festgelegt. Wenn Sie mehrere Immobilien haben, dann sollten Sie selbst die Zuteilung der Objekte auf Ihre Erben vornehmen. Für Wertgegenstände und Schmuck empfiehlt sich ebenfalls eine direkte persönliche Zuteilung.

Übung 9: Für jene, die etwas zu vererben haben

1. *Was und wieviel Ihres Besitzes möchten Sie gern an Ihre Erben weitergeben?*
2. *Wann möchten Sie Ihr Erbe weitergeben?*
3. *Erstellen oder Überprüfen Sie Ihr Testament.*

Übung 10: Für jene, die ein Erbe erwarten können

1. *Machen Sie sich eine Vorstellung über die Größe des zu erwartenden Erbes. Fassen Sie Mut, und diskutieren Sie Ihre Vorstellung mit Ihren Eltern.*
2. *Setzen Sie das zu erwartende Erbe in Ihre Finanzplanung ein.*

WIE IST ES UM IHRE VERPFLICHTUNGEN BESTELLT?

Die andere Seite der finanziellen Lebensbilanz stellen die Verpflichtungen dar. Für die Finanzplanung unterscheidet man den Normalfall und die Wendepunkte. Der Normalfall ist planbar. Wendepunkte kann man einbeziehen, allerdings ist deren Planbarkeit beschränkt. Man kann jedoch für jene Wendepunkte, die man fürchtet, Vorkehrungen treffen. Im folgenden werden die für den Finanzplan wichtigsten Verpflichtungen erläutert:

- Alter
- Steuern
- Ausbildung der Kinder
- Verpflichtungen im Zusammenhang mit Wendepunkten

Die Altersphase ist lang, sie beträgt gut ein Vierteljahrhundert. Nur wenige erzielen in dieser Zeit noch ein Arbeitseinkommen. Mit anderen Worten, man lebt von dem, was man selbst aufgebaut hat und was die sozialen

Altersvorsorge

141

Sicherheitssysteme bieten. Die Leistungen der Sozialwerke kann man als einzelner nicht beeinflussen. In allen Industrieländern ist ein Trend unverkennbar: Abbau der sozialen Sicherung. Die früheren Versprechungen können nicht gehalten werden. Die Leistungsgrenzen sind erreicht. Aufgrund der Prognosen scheint es besonders in der Zeit nach 2015 kritisch zu sein, ob die heute gültigen Leistungen der staatlichen Rentenversicherung auch dann noch ausbezahlt werden können. Damit sind insbesondere die Renten von den heute 45- bis 50jährigen gefährdet. Die Finanzdienstleister haben diesen Trend erkannt, und so gibt es inzwischen eine Vielzahl von Produkten, die ein sorgenfreies Alter versprechen. Unsicherheiten bei der staatlichen Vorsorge und die Vielfalt der Angebote für die individuelle Vorsorge machen deutlich, wie wichtig es ist, sich klarzuwerden, wie man im Alter finanziell abgesichert sein möchte. In der Finanzplanung gilt die vorsichtige Faustregel, daß mit der Vorsorge für das Alter zwanzig Jahre vorher begonnen werden sollte. Die folgende Übung ist damit vor allem für die heute über 45 Jahre alten Menschen gedacht.

Übung 11: Zur Altersvorsorge

Versuchen Sie, Ihre persönliche Meinung über folgende Aussagen zu bilden:

	Stimmen Sie mit den Aussagen aus dem Beispiel überein? Geben Sie Ihre Meinung mit einer Punktezahl wieder: 5 bedeutet vollständige Zustimmung 1 bedeutet keine Zustimmung				
	1	2	3	4	5
1. Meine Rente wird im Jahr 2015 unter heutigen Voraussetzungen 5.000 DM betragen. Ich halte es für wahrscheinlich, daß dieser Betrag nominal gleichbleibt. Ich halte es auch für wahrscheinlich, daß für die nächsten 15 Jahre die Preisstabilität nicht gewährleistet ist, so daß ich mit einer Inflationsrate von 3 Prozent rechne. In 15 Jahren wird die Kaufkraft meiner Rente geringer sein. Ich rechne damit, daß ich mir nur noch 60 Prozent meines heutigen Lebensstandards aus meiner Rente leisten kann.					
2. Meine Rente wird unter heutigen Voraussetzungen 5.000 DM betragen. Ich nehme an, daß die politischen Kräfte stark genug sind – schließlich wird die Bevölkerung ja insgesamt älter und die Baby-Boom-Generation ist zahlreich –, daß ein Inflationsausgleich erfolgt, so daß bis zum Jahr 2015 die Kaufkraft meiner Rente erhalten bleibt. Ich halte es für wahrscheinlich, daß die Steuerlast steigt, denn irgendwoher muß der Staat das Geld ja holen, um die sozialen Leistungen zu bezahlen. Ich rechne mit einer höheren steuerlichen Belastung meines Einkommens und Vermögens.					
3. Meine Rente wird unter heutigen Voraussetzungen 5.000 DM betragen. Ich halte es jedoch für wahrscheinlich, daß der Generationenvertrag nicht hält. Die Erwerbstätigen des Jahres 2015 werden nicht oder nur in sehr beschränktem Umfang bereit sein, meine Rentenleistung zu finanzieren. Dies insbesondere dann, wenn nebst meinen Rentenansprüchen sonst noch ein Vermögen vorhanden ist.					
Punkte total					

Auswertung: Von Vertrauen in staatliche Lösungen bis zur Selbstvorsorge Wenn Sie insgesamt mehr als 10 Punkte erzielt haben, überwiegt Ihre Skepsis in bezug auf die staatliche Altersvorsorge. Ihre Finanzplanung für das Alter sollte in diesem Fall dafür sorgen, daß ihr Alterseinkommen auf zwei Pfeilern steht. Zum einen können während der aktiven Berufszeit Beiträge an eine staatliche Vorsorgeeinrichtung entrichtet werden. Zum anderen kann selbst Vermögen aufgebaut werden, das dann im Alter wieder abgebaut wird.

Steuern Steuern gehören zu den Verpflichtungen. Zum Finanzplanungsprozeß gehört immer die Fragestellung: Wie kann die Steuerlast verringert werden? Zu warnen ist jedoch vor der leider häufig anzutreffenden Praxis, daß zuerst nach Möglichkeiten der Steueroptimierung gesucht wird. Als erstes muß das persönliche Finanzkleid in den Grundzügen im Schnittmuster stimmen, dann kann man anfangen, nach den Möglichkeiten zu suchen, wie man Steuern einsparen kann. Dazu noch ein Wort speziell für Männer: Viele Männer entwickeln geradezu einen sportlichen Ehrgeiz, dem Finanzamt ein Schnippchen zu schlagen. Diese Sichtweise wird von Versicherungen und Banken genutzt, indem als wichtigstes Verkaufsargument die Ersparnis bei den Steuern genannt wird.

Steuern sparen: keine kurzfristige Optik Bei der Steueroptimierung als oberstes Ziel wird oft übersehen, daß der kurzfristige Gewinn heute sich langfristig ins Gegenteil umkehren kann. Steuerabzüge sind gegeneinander abzuwägen, damit die Rechnung auch langfristig aufgeht. Am wirksamsten Steuern spart man, wenn man gemeinsam mit dem Steuerberater eine mehrjährige Planung macht. Am besten nimmt man für die Steuerplanung den für die Finanzplanung festgelegten Planungshorizont. Vergessen Sie auch eines nicht, Steuergesetze können sich rasch ändern, die Gesetze auf den Finanzmärkten dagegen gelten immer.

Ein häufiger Steuerfall ist, mit dem Erwerb von Immobilien Steuern zu sparen. Das Grundprinzip ist einfach, die Schuldzinsen verringern das zu ver-

144

steuernde Einkommen. Deshalb besteht besonders bei höheren Einkommen die Neigung, auch die Schulden möglichst hoch zu halten. Die Rechnung geht so lange auf, wie tatsächlich ein hohes Einkommen vorhanden ist. Bei Scheidung oder plötzlich geringerem Einkommen sinkt die Steuerersparnis, aber die hohen Zinskosten bleiben.

Eine weitere beliebte Methode der Steuerersparnis sind Beiträge entweder einmalig oder mit jährlichen Prämien in eine Lebensversicherung. Angenommen ein Vermögen von 100.000 wird in eine Einmaleinlage einer Versicherung (Ertrag 4 %, Laufzeit 20 Jahre, bis zum sechzigsten Altersjahr) angelegt. Bei einem gleichbleibenden Steuersatz mache die jährliche Steuerersparnis 800 aus, in 20 Jahren wären dies 16.000 . Nach Ablauf der Police würden rund 220.000 ausbezahlt. Würde das Vermögen in einen gut diversifizierten Aktienfonds investiert, dann müßte zwar jedes Jahr der Dividendenertrag versteuert werden, aber 20 Jahre später würden daraus um 360.000 resultieren, wobei auch die Flexibilität größer ist, weil das Geld nicht gebunden ist.

Übung 12: Zu den Steuern

Notieren Sie für die letzten drei Jahre die Höhe Ihrer Steuern. Hat sich etwas verändert? Bilden Sie einen Durchschnittswert, und verwenden Sie diesen für die Finanzplanung.

Die Ausbildung der Kinder ist ebenfalls ein wichtiger Posten unter den Verpflichtungen. Vielfach wird gefragt, welcher Betrag angemessen sei, wenn der Sohn oder die Tochter auswärts eine Ausbildung, beispielsweise ein Studium absolviert. Als Ausgangspunkt können die Budgets von den Stipendienstellen dienen. Diese enthalten in der Regel den unumgänglichen Grundbedarf. Davon ausgehend kann ein persönliches Budget aufgestellt werden, ähnlich dem Muster im Topf 1. Erfahrungswerte für Studenten,

Ausbildung

die auswärts wohnen, bewegen sich zwischen 1.500 und 3.000 DM im Monat. Allerdings handelt es sich dabei um überwiegend öffentliche Universitäten.

Übung 13: Zur Ausbildung

1. Erstellen Sie ein Ausbildungsbudget für Ihre Kinder.

2. Bitten Sie Ihre Kinder, eine Planung für ein Jahr gemäß Topf 1 zu machen.

Verpflichtungen bei Wendepunkten Der Lebensweg führt immer wieder an Wendepunkte: Familiengründung, Erwerb eines eigenen Heims, Erbschaft, Scheidung, Berufswechsel oder Aufbau einer Unternehmung, Arbeitslosigkeit, Krankheit, Invalidität und Todesfall. Jeder Wendepunkt erfordert neue Entscheidungen – auch über die Finanzen. Einige Übergänge wie beispielsweise von einem angestellten zu einem selbständigen Leben sind relativ leicht planbar. Andere wieder schlagen unerwartet zu. Manchmal ist ein Blick auf die Statistik hilfreich, um sich vorzustellen, daß manche Ereignisse doch sehr häufig sind.

Scheidung Jede dritte Ehe wird geschieden. Aus Statistiken weiß man weiter, daß Ehen, die in den neunziger Jahren geschlossen wurden, mit noch höherer Wahrscheinlichkeit auseinandergehen als Ehen, die in den siebziger Jahren eingegangen wurden. Die Häufigkeit von Scheidung sollte dazu veranlassen, im Planungsprozeß auch die güterrechtliche Seite der Ehe anzuschauen. Muß ein besonderer Güterrechtsvertrag begründet werden? Wenn ja, dann ist dies zu tun, so lange sich beide noch gut verstehen. Das Ergebnis wird wesentlich gleichgewichtiger herauskommen, als wenn die Ehe schon in die Brüche gegangen ist. Für Unternehmerinnen und Unternehmer ist die Prüfung der besten güterrechtlichen Lösung ein Muß. Zu traurig sind folgende Beratungsfälle, die leider nicht einmal selten vorkommen: Die Firma des Mannes geht in Konkurs. Die Frau hat im Betrieb mitgearbeitet, oft zu einem kleinen Lohn, und hat auch noch ihr Erspartes in den Betrieb gesteckt. Der Ehemann behält dann aber alles in der Firma, sprich bei sich, und die Frau steht mit leeren Händen da.

Gegen die finanziellen Folgen von Risiken wie Tod, Invalidität, Unfall, Erwerbslosigkeit etc. kann man sich über Versicherungen schützen. Man kauft der Versicherung Garantien für eine Leistung ab, die man fürchtet. Bei der Todesfallkapitalversicherung ist es die Garantie, daß beim Tod während der Versicherungsdauer mindestens das vertraglich vereinbarte Todesfallkapital ausbezahlt wird. Risiken sind versicherbar, aber Sicherheit kostet. Die erste Frage, die Sie sich bei einer Versicherung stellen müssen, ist immer: Wieviel Sicherheit brauche ich? Es ist gar nicht so selten, daß der eigene Tod bei verschiedenen Versicherungen mehrmals versichert wird. Makaber aber wahr. Sinnvoll ist dies nur, wenn man damit rechnet, vor Ablauf der Versicherung tatsächlich zu sterben. Denken Sie auch an die statistisch zu beobachtende Tatsache, daß, je wohlhabender ein Land ist, umso mehr die Bevölkerung für Versicherungen ausgibt. Umgekehrt sind jedoch die Risiken in der Schweiz, wo die höchsten Pro-Kopf-Ausgaben für Versicherungen existieren, nicht größer als beispielsweise in Spanien oder Griechenland.

Vorsorge für Risiken

Die Vorsorge für Wendepunkte, wie Arbeitslosigkeit, Krankheit, Unfall und Invalidität ist sehr stark von der Sozialgesetzgebung beeinflußt. Sozialgesetze ändern sich. Die optimale Ausnützung der staatlichen Möglichkeiten würde für jedes Land ein eigenes dickes Buch erfordern. Für die Erstellung Ihres persönlichen Finanzkonzepts gehen Sie deshalb in der Folge von Ihrer derzeitigen Vorsorge aus.

Übung 14: Zur Bewertung von Risiken bei Wendepunkten

1. Notieren Sie gemäß heutigem Stand die zu erwartenden Leistungen.

Risiken aus Wendepunkten	Rentenleistung	Anderes	ab wann
Arbeitslosigkeit			
Krankheit			
Unfall			
Invalidität			
Tod			
Witwe/Witwer			
Waise			

2. Welche Wendepunkte fürchte ich besonders?

Versuchen Sie, eine Bewertung der Risiken, die Sie fürchten, zu machen.

Geben Sie eine Punktezahl von 1 bis 5.

Wendepunkte	Bewertung 1 fürchte nicht 5 fürchte besonders				
	1	2	3	4	5
Erwerbslosigkeit					
Erwerbsausfall durch Krankheit					
Invalidität					
Krankheit					
Tod des Partners					
Pflegefall im Alter					
Scheidung					

Auswertung: **Von »mit dem Risiko leben« bis »unbedingt versichern«** Für alle jene Risiken, bei denen Sie über vier Punkte gegeben haben, ist es zweckmäßig, eine Vorsorge zu treffen, sei es in Form einer Versicherung, sei es in vertraglichen Vereinbarungen wie Ehevertrag oder Testament.

Bei der Analyse der Verpflichtungen empfiehlt es sich auch, sich der Frage Notgroschen des Notgroschens anzunehmen. Das wichtigste Aktivum ist für die meisten Menschen das Einkommen aus ihrer Hände Arbeit. Das Risiko ist, arbeitslos zu werden. Es ist dabei zu überlegen, wie lange dauert es, bis man bei Verlust des bisherigen Jobs wieder eine entsprechende Stelle findet. Herbert Weiß mit Erfahrung sowohl auf einem Fachgebiet als auch in Unternehmensführung kann davon ausgehen, daß eine Stellensuche rasch erfolgreich ist. Vermutlich kann er sogar zwischen verschiedenen Angeboten auswählen. Auch Catherine Meier hat eher mit wenig Risikofaktoren zu rechnen: Sie ist gut ausgebildet, hat eine erste solide Berufserfahrung, ist unabhängig von Familienrücksichten und damit flexibel, was den Arbeitsort angeht, und sie steht auf den ersten Sprossen einer aufstrebenden Karriereleiter. Sie kann also mit großer Wahrscheinlichkeit damit rechnen, daß sie mit einer kurzen Suchzeit – beispielsweise drei Monate – wieder eine entsprechende Stelle findet. Mit anderen Worten, ihr Humankapital ist noch wenig risikobehaftet. Anders verhält es sich bei Albert Müller. Zwar hat er bis zum mittleren Management einiges erreicht. Seine Angebotsflexibilität ist jedoch eher gering. Er kennt seit seiner Lehrzeit nur einen Arbeitgeber. Er ist mit 54 Jahren nahe an jenem Alter, bei dem schon in manchen Firmen von Frühpension gesprochen wird. Zwar hat er bis zum üblichen Pensionsalter noch zehn Jahre vor sich. Jedoch sind diese zehn Jahre wesentlich risikobehafteter als die zum Beispiel bei Herbert Weiß und Catherine Meier. Die Suchzeit (oder der Aufbau einer eigenständigen Tätigkeit) kann bis zu zwei Jahren beanspruchen. Im Unterschied zu Catherine Meier hat er auch eher mit einem Einbruch seines Einkommens bei einem Wechsel zu rechnen. Das Humankapital von Michael Schmid ist überdurchschnittlich, das von Anna noch sehr gering, zumindest für die Zeit, bis sie die Ausbildung abgeschlossen hat und erste Berufserfahrungen vorweisen kann. Allerdings ist das Angebot von entsprechenden Stellen für Michael nicht groß, das heißt, er tut gut daran, mit einer längeren Suchzeit für eine neue Stelle zu rechnen. Für Dora Jensen, bereits im Pensionsalter, ist lediglich festzustellen, daß sie ihr Humankapital optimal genutzt und in Finanzkapital umgewandelt hat.

149

Für die Finanzplanung ist wichtig, sich eine Vorstellung über die notwendige Suchzeit zu machen. Für diese Suchzeit muß ein Notgroschen bereit sein, der als sofort verfügbar angelegt sein sollte. Zu den Überlegungen gehört auch, sich über mögliche Einbußen an Einkommen klarzuwerden.

Übung 15: Zur Höhe des Notgroschens

Legen Sie die Zeitspanne fest, wie lange Zeit Sie vermutlich einsetzen müssen, um eine neue Stelle zu finden. Der Lebensstandard für diese Zeitdauer bestimmt dann die Höhe des Notgroschens.

DRITTER SCHRITT:
WÜNSCHE IN KONKRETE ZIELE UMSETZEN

Haben Sie Wünsche für Ihre finanzielle Lebensplanung? Haben Sie konkrete finanzielle Ziele? Vermutlich eher nein, in der Regel haben die meisten Menschen für ihre privaten Finanzen nur eine vage Vorstellung, was sie erreichen möchten. Das Vermögen soll mehr werden, die Einkommen höher. In den Kursen zur Finanzplanung sitzen die Teilnehmer meist nachdenklich vor den Blättern, auf denen sie ihre Wünsche notieren sollen. Auch in der Einzelberatung ist die Formulierung konkreter Ziele das schwierigste. Selbst für Unternehmer, die gewöhnt und geübt sind, ihre Firma mittels Zielvorgaben zu führen, bleiben die Ziele für ihre privaten Finanzen im Unbestimmten stecken. Ohne Ziele irrt man jedoch etwas verloren herum. Wer das Ziel seiner finanziellen Fahrt nicht kennt, wird planlos auf der finanziellen Landkarte herumfahren, manchmal vielleicht mit etwas Glück. Erfolgversprechender ist es aber, dem Glück – seinen Wünschen – systematisch auf die Sprünge zu helfen.

Im privaten Bereich sind die Wünsche das, was für Unternehmen die Visionen sind. Wünsche sind ein starker Motivator für Veränderungen. Auch aus dieser Sicht ist es außerordentlich wichtig, die Wünsche klar zu formulieren. Je klarer der Wunsch vor Augen steht, um so eher ist man auch bereit, den Weg zum Ziel Schritt für Schritt zu gehen. Es lohnt sich, Zeit für die Formulierung der Wünsche einzusetzen. Werden Sie nicht ungeduldig, wenn Wünsche erst im Verlaufe des Planungsprozesses konkret formuliert werden können.

Die Kraft der Wünsche

Häufig traut man sich auch nicht, finanziell etwas zu wünschen, weil man glaubt, dieser Wunsch sei ohnehin illusorisch. Hans O., 33 Jahre, gelernter Bäcker- und Confiseur, tätig in einer Großbäckerei und mit Aufstiegsmöglichkeiten, antwortet auf die Frage, welche Summe Geld für ihn das Gefühl des Wohlstands und der finanziellen Sicherheit bedeutet: »eine Million«. Er setzt jedoch sofort hinzu, daß dies für ihn wohl nie zu erreichen sei. Er gehört zu den sparorientierten Menschen. Er photographiert gern und ist ein begeisterter Taucher. In seine Ausrüstungen für diese beiden Hobbies hat er eine Menge Geld investiert. Jedoch hat er dies immer nur getan, wenn er genügend Geld angespart hatte. Ein persönliches Sparziel hat er sich jedoch nie gesetzt. Auf seinem Sparheft haben sich 80.000 DM angesammelt. Mit Hilfe einer einfachen Zinseszinsrechung und den entsprechenden Sparinstrumenten kann gezeigt werden, wie er mit jährlichem Sparen von 25.000 DM in 15 Jahren seine Million erreichen könnte. Weil er von vornherein auf einen langen Zeithorizont setzt und das Ziel der Vermögenserhaltung hat, wurde mit Renditen von gut diversifizierten Aktienfonds gerechnet, die im längerfristigen Durchschnitt eine Rendite von 8 Prozent nominal bringen. Entscheidend war für ihn, daß die Million überhaupt im Bereich des Möglichen liegt. Die relativ hohe Sparsumme hat ihn nicht abgeschreckt. Im Gegenteil, er weiß jetzt, wie hoch sein Sparziel maximal sein müßte. Er weiß auch, daß ihn das Sparen keine Mühe kostet, denn seine Taucherausrüstung hat ja auch einiges an Sparen abverlangt. Die Möglichkeit, seinen Wunsch für »Wohlstand und Sicherheit« zu realisieren, hat ihn so stark motiviert, daß er bereits nach drei Jahren über dem Budget liegt. Inzwischen hat er geheiratet, und durch das Zusammenleben haben sich die Ausgaben für den Lebensstandard ohne Einbuße an Qualität verringert. Damit hat er sein Sparziel noch einmal höher setzen können. Er wird seine Million erreichen, und es wird trotzdem genug finanzieller Spielraum bleiben, für Kinder sowie die Reduzierung oder Aufgabe der Berufstätigkeit der Ehefrau.

Dem Wünschen auf die Sprünge helfen Offensichtlich will das Wünschen gelernt sein. Schon die Märchen geben einen Hinweis, daß dies tatsächlich nicht so leicht ist. Oft geht es mit dem Wünschen nicht gut aus. Man denke nur an das Märchen vom Fischer und seiner Frau. Es gilt also, klug mit sich und seinen Wünschen umzugehen. Wobei eines sicher ist: Finanzplanung ist nur dann erfolgreich, wenn die Ziele klar sind. Trauen Sie sich, Ihre Wünsche in Zahlen auszudrücken. Wenn Sie von den eigenen vier Wänden träumen, dann studieren Sie einmal einen Monat lang die Immobilienangebote. Sie erhalten dann ein Gefühl dafür, was Ihnen das Wohnen wert ist und wieviel Sie für den Wunsch »Eigenheim« in Ihre Planung einsetzen müssen. Auch bei anderen Wünschen, wie Ausbildung, Reisen und so fort, braucht es Zeit für die Informationssuche, um eine Preisvorstellung zu bekommen. Wieder andere Wünsche bedürfen der Phantasie für die Berechnung. Der Wunsch nach mehr Zeit für sich beispielsweise läßt sich errechnen, indem man gewisse Arbeiten durch andere verrichten läßt oder nur 80 Prozent arbeitet. Somit stellt der Lohn für die freien 20 Prozent den Preis dafür dar.

Damit es mit dem Wünschen klappt, ist es zweckmäßig, Wünsche in Gruppen einzuteilen. Für die Gruppierung sind Kriterien notwendig.

Seien Sie kreativ im Festlegen Ihrer eigenen Kriterien für die Gruppierung Ihrer Wünsche. In meiner Beratererfahrung hat sich bewährt, nach den Wünschen in den folgenden drei Bereichen zu fragen:

- Wünsche für das persönliches Wohlbefinden.
  Die Rubrik Wohlbefinden im Topf 1 gibt für diesen Bereich bereits Hinweise. Welche Aktivitäten möchten Sie ausbauen? Reisen gehört für die meisten Menschen dazu, ebenso das vielfältige Gebiet der Hobbies. Zu berücksichtigen ist auch das ganz persönliche Vermögen, der persönliche Wunschtopf, in den man greifen kann, um sich spontane Wünsche zu erfüllen. Für manche sind 1.000 DM dafür eine richtige Summe, für andere ist ein Wunschtopf von 50.000 DM richtig. Mit anderen Worten: dafür gibt es außer der persönlichen Sicht keine Faustregel.

- Wünsche für den Beruf, die das Finanzpotential erhöhen.
  Dazu gehören Aus- und Weiterbildung, Erfahrung an anderen Stellen sammeln, um die Angebotsflexibilität zu erhöhen und damit für den Stellenmarkt attraktiver zu werden. Es kann sich auch um den Aufbau einer eigenen Unternehmung handeln.

- Wünsche für das Wohlbefinden im familiären und sozialen Umfeld.
  Vielfach ist damit eine gute Wohnsituation angesprochen. Sicherheit für die Familie, der Aufbau und die Erhaltung eines Vermögenspolsters, ein bestimmter Betrag, den man gern vererben möchte, stehen ebenfalls auf vielen Wunschlisten.

Für Ihre Finanzplanung ist es nötig, Ihre Wünsche als konkrete finanzielle Ziele zu formulieren. Dies muß sein, denn in der Planung wird schließlich gerechnet. Sie können nun einwenden, daß Sie nicht im vorhinein wissen, was etwas kostet. Das stimmt, erst im nachhinein wird man wirklich wissen, wieviel etwas tatsächlich gekostet hat. Aber konkrete Zielformulierung heißt nicht, daß alles so, wie geplant, eintreffen muß. Die konkreten Ziele haben die Aufgabe eines Meßpunktes, im Finanzjargon bezeichnet man dies als »Benchmark«. Dieser Meßpunkt dient zur Festlegung der Maßnahmen, um das Ziel zu erreichen. Oder anders gesagt: Welche Ressourcen muß ich einsetzen, um mein Ziel zu erreichen? Die Maßnah-

Wünsche als finanzielle Ziele definieren

menplanung für Hans O. schließt ein: Er darf nicht sein gesamtes Einkommen ausgeben, sondern muß zehn Prozent sparen. Er muß sich beruflich einsetzen, um die Beförderung nicht zu gefährden, und er muß das ersparte Geld nach der Altersregel anlegen. Wenn die Wünsche formuliert sind, können diese in konkrete finanzielle Ziele gefaßt werden. Hanna A. zum Beispiel möchte nach 15 Jahren als Mutter und Hausfrau wieder an ihren früheren Beruf anknüpfen und das heute verlangte Ausbildungsniveau erreichen. Sie hat eine Ausbildung als Grafikerin und sieben Jahre Berufserfahrung. Die Arbeitsinstrumente haben sich seither stark verändert. Sie muß die computerunterstützten Grafikprogramme lernen. Die Ausbildungskosten betragen 12.000 DM für ein Jahr. Dazu kommen noch Kosten von 5.000 DM wie eine Putzhilfe für den Haushalt und Mehrausgaben für das Essen, weil es mehr Fertiggerichte und weniger selbstgekochte Mahlzeiten gibt. Außerdem muß sie für 6.000 DM einen PC mit den entsprechenden Programmen zum Üben anschaffen. Der Wunsch »Berufsausbildung auf dem neuesten Stand« als konkretes finanzielles Ziel formuliert, beträgt 23.000 DM für ein Jahr. Auch da wird erst im nachhinein wirklich bekannt sein, wieviel die Ausbildung der Hanna A. tatsächlich gekostet hat. Vielleicht wird sie eine Prüfung nicht bestehen und muß ein halbes Jahr wiederholen. Aber ohne diese Meßlatte für die Ausbildungskosten wird sie ihr Ziel nicht erreichen. Auch bei den Schmids ist nicht sicher, wieviel die Ausbildung der Kinder tatsächlich kosten wird. Wie ihr Beispiel jedoch zeigt, wären Schulden unumgänglich gewesen, hätten tatsächlich alle drei Kinder studieren wollen und hätten sie einfach munter wie bisher weitergelebt.

Ziele sind Meßlatten Ein Meßpunkt oder konkretes Ziel dient aber darüber hinaus auch dazu, Abweichungen festzustellen. Diese zeigen auf, wo man eine falsche Schätzung oder Annahme getroffen hat. Fast wie von selbst schließt die Frage an, wo die Gründe für die Abweichungen liegen. Dies wiederum führt zu Anpassungen, sei es, daß andere Maßnahmen für die Erreichung der Ziele notwendig sind, sei es, daß das Ziel selbst geändert werden muß.

Wenn beispielsweise der Unterhalt des Hauses mehr kostet als geplant, wird man den Kosten nachgehen und feststellen, daß man beispielsweise ziemlich großzügig mit der Energie umgeht. Diese Information wird zu Veränderungen führen. Entweder senkt man den Aufwand, indem man mehr Energie spart und die Heizung zurückstellt. Oder man senkt sein Sparziel oder man versucht, ein höheres Einkommen zu erreichen. Fassen Sie Abweichungen nicht als ein persönliches Versagen auf, sondern wie oben erwähnt als ein Führungsinstrument. Verurteilen Sie sich nicht, sondern schauen Sie anhand der Fakten, was zu tun ist. Es ist das Schöne an Zahlen, daß sie »neutral« sind. Planung ist ein Prozeß, und man lernt am meisten aus seinen Planungsfehlern.

Für die Planung ist ein Kriterium ein Muß, nämlich die Bestimmung von Zeitpunkt und Zeitdauer. Der Planungshorizont steckt die gesamte von Ihnen festzulegende Zeitspanne ab. Den Wünschen können darin bestimmte Zeitpunkte oder Zeiträume gegeben werden. Jedem Menschen ist klar, daß nicht alles auf einmal und sofort möglich ist.

Zeitrahmen festlegen

Übung 16: Für das Füllen des Wunschtopfes

1. *Stellen Sie Ihre Wunschliste zusammen.*

2. *Gruppieren Sie Ihre Wunschliste nach eigenem oder obigem Muster.*

3. *Rechnen Sie Ihre Wünsche in Geldwerte um.*

4. *Legen Sie den Zeitpunkt oder den Zeithorizont fest.*

5. *Tragen Sie die Ergebnisse in den Wunschtopf ein.*

Persönlicher Wunschtopf

Wunsch	Betrag	Wann	Ideen für Wunscherfüllung

5. VOM PLAN ZUR TAT MIT DEN PASSENDEN MITSPIELERN AM FINANZMARKT

IHRE ZEHN BAUSTEINE FÜR REICHTUM UND ZUFRIEDENHEIT

Im folgenden sind die notwendigen Bausteine für Ihre persönliche finanzielle Lebensplanung zusammengefaßt. Es sind insgesamt zehn Bausteine, die Sie auch als Planungsdaten bezeichnen können. Mit diesen Bausteinen wird Ihr Finanzplan in die Tat umgesetzt. Gleichzeitig sind dies auch die Werkzeuge, um geschickt mit der Finanzwelt umzugehen.

Das Ganze funktioniert so, wie wenn Sie nach Kochbuch einen Kuchen backen wollten. Die Planungsdaten sind Ihre zehn wichtigsten Zutaten. Seien Sie nicht enttäuscht, wenn es Ihnen nicht sofort gelingt. Denken Sie daran, daß Planen ein Prozeß ist. Die im folgenden gewählte Reihenfolge der Bausteine hat sich für viele Fälle als zweckmäßig erwiesen. Sie können jedoch auch mit jenem Baustein anfangen, der Sie am meisten beschäftigt. Im Beispiel der Schmids begann der Finanzplaner auch nicht mit dem ersten Baustein sondern mit der finanziellen Lebensbilanz und den Wünschen (Bausteine 6 und 8). Wichtig ist, daß Sie irgendwann im Verlaufe des Planungsprozesses jeden Baustein bearbeitet haben. Die Übungen aus den vorangegangenen Kapiteln sind hilfreich beim Erstellen Ihrer Bausteine.

1. Geldpersönlichkeit

Nehmen Sie die Übung 1 »Bestimmen Sie Ihre Geldpersönlichkeit« (vgl. Seite 44) zu Hilfe.

Für die zehn Bausteine sind insbesondere Ihre persönlichen Ausprägungen bezüglich des Finanzpotentials und das Investitionsverhalten wichtig. Denken Sie daran, daß Sie vor allem die Stärken Ihrer Geldpersönlichkeit fördern und mit den Schwächen, was nichts anderes ist als die Kehrseite der Medaille, klug umgehen wollen.

Geldpersönlichkeit: Ihre Beurteilung	Welche Stärken möchten Sie fördern?
Finanzpotential	Bildungsinvestitionen ausbauen? Berufliche Aussichten wahrnehmen? Welche beruflichen Stärken (flexibel, sorgfältig und genau, zielstrebig, kommunikationsfreudig, …) ausbauen?
Investitionsverhalten	Lebe-heute-Mentalität für Chancen nutzen, jedoch mit einer längerfristigen Optik verstärken. Die Lebe-morgen-Mentalität für das Eingehen von Chancen mit Sicherheitsnetz nutzen.

2. Planungshorizont

Notieren Sie aus der Sterbetafel (s. Anhang Seite 178 ff.) Ihre durchschnittlich zu erwartende Lebensdauer. Damit sind die äußeren Ränder der Planung beziffert. Dann definieren Sie Ihren Planungshorizont, der abhängig ist von Ihrer Lebensphase. Die Fallbeispiele geben Hinweise. Für einen dreißigjährigen Single macht es keinen Sinn, über seine gesamte noch zu erwartende Lebensspanne von über fünfzig Jahren zu planen, sondern eine Zeitspanne von sieben bis zehn Jahren ist angebracht. Hat der Dreißigjährige jedoch schon Familie mit Kindern, dann ist es zweckmäßig, bis zum Ende der Ausbildung der Kinder zu planen, was den Planungshorizont auf 15 bis 20 Jahre verlängert. Für Planungen, deren Fokus die Altersvorsorge ist, nimmt man die noch durchschnittlich zu erwartende Lebensdauer. Ganz allgemein ist zu empfehlen, eher längerfristig als zu kurzfristig zu planen. Wenn Sie sich nicht festlegen möchten, dann wählen Sie zehn Jahre. Sie verbauen sich damit in der Regel nichts, denn Planen ist ein Prozeß, der immer wieder angepaßt wird.

	Jahre
Durchschnittlich zu erwartende Lebensdauer	
Planungshorizont	

3. Jahresübersicht

Nützlich dazu ist die Übung 3 »Erstellung Ihres Ist-Budgets« (vgl. Seite 113). Die wichtigste Information daraus ist die Summe, die Sie für Ihren Lebensstandard benötigen.

Topf 1 Übersicht über Ausgaben und Einnahmen für 1 Jahr

	Ausgaben
Rund ums Wohnen	
Miete / Hypothekarzinsen	
Nebenkosten	
Telefon / TV / Radio	
Kleinanschaffungen: Haushalt, Einrichtung, Garten	
Unterhalt: Reinigung, Haushaltshilfe	
Essen, Kleiden, Pflegen	
Essen, Einladungen, Auswärtsessen	
Pflege: Friseur, Kosmetik	
Kleidung	

		Ausgaben
Individuelle Ausgaben		
	Öffentlicher Verkehr	
	Privatauto: Unterhalt, Benzin, Versicherung, Leasing	
	Gesundheit: Zahnarzt, Massage, Kur, Fitness, Sport	
	Geschenke, Beiträge, Spenden	
	Unterhaltung: Lektüre, Kurse, Musik	
	Anschaffungen: Heimelektronik, Hobby	
	Reisen	
	Haustiere	
	Kinder: Taschengeld	
	Kinder	
	Unterstützungsleistungen	
	Weiterbildung	
Lebensstandard		
	Steuern	
Lebensstandard mit Steuern		
	Sparen	
	Feste Sparverträge: Versicherungen	
Gesamtausgaben		

		Einnahmen
	Gehalt	
	Rente	
	Alimente	
	Aus Vermögen: Mieterträge, Zinserträge	
Gesamteinnahmen		

RFP®

4. Soll-Budget

Nützlich dafür ist die Übung 4 »Ist Ihr Budget im Einklang mit Ihrer Werte-struktur« (vgl. Seite 117). Jene mit dem Merkmal »ausgabenorientiert« in ihrer Geldpersönlichkeit überprüfen ihre Ausgaben unter dem Gesichts-punkt, ob diese tatsächlich mit ihrer Wertschätzung übereinstimmen. Be-stimmen Sie, ob und wie Sie Änderungen in Ihrem Topf 1 der Ausgaben und Einnahmen vornehmen wollen. Diese Übung gibt Ihnen die Grundlagen für die Soll-Definition Ihres jährlichen Budgets; daraus können Sie auch ersehen, ob ein zusätzliches Sparen möglich ist und wie hoch der Sparbetrag sein könnte.

	Betrag
Die Solldefinition ergibt für das Jahr ... einen Budgetüberschuß von	
Folgende Änderungen sind geplant: 1. 2. 3.	

5. Notgroschen

Bestimmen Sie die Höhe Ihres Notgroschens. Nehmen Sie dazu die Übung 15 »Zur Höhe des Notgroschens« (vgl. Seite 150) vor.

	Betrag
Notgroschen sofort verfügbar	

6. Finanzielle Lebensbilanz

Diese Übersicht gibt Ihnen als wichtigste Information die Höhe Ihres heutigen Finanzvermögens. Dies stellt den Ausgangspunkt für einen weiteren Ausbau des Vermögens dar. Sie sollten einen genauen zeitlichen Überblick über alle Verpflichtungen, die im Laufe des Planungshorizonts anfallen, haben. Der jeweilige Zeitpunkt oder Zeitraum müßte bekannt sein. Damit haben Sie Anhaltspunkte, wie Sie Ihr Vermögen strukturieren müssen, damit Sie Ihre Verpflichtungen optimal decken können.

Topf 2 Persönliches Finanzvermögen und Verpflichtungen

Finanzvermögen am...

	Wert
Cash	
Giro-/Privatkonten	
Sparkonten / Sparpläne	
Geldmarktpapiere	
Wertpapiere	
Obligationen	
Aktien	
Fonds	
Beteiligungen	
Versicherungen　　　　　　Fälligkeit:	
Immobilien	
Wert	
Hypothekarische Belastung	
Wertgegenstände	
Erbe	

	Verpflichtungen	
	Betrag	Wann
Altersvorsorge		
Rente		
Alterskapital		
Steuern		
Ausbildung der Kinder		
Verpflichtungen im Zusammenhang mit Wendepunkten		
Arbeitslosigkeit		
Krankheit / Unfall		
Invalidität		
Tod (Witwen-/ Waisenrente)		

7. Aktionen

Welcher Handlungsbedarf wird sichtbar? Dieser ist vermutlich in der zweiten Runde, siehe auch Baustein neun, anhand der Wünsche bzw. Ziele zu revidieren. Jene mit dem Merkmal »sparorientiert« überprüfen besonders die Struktur des Vermögens unter dem Gesichtspunkt, ob die dank der Sparorientierung grundsätzlich gute Risikofähigkeit sich auch in der Zusammensetzung der Anlagen widerspiegelt. Die Vermutung liegt nahe, daß die »Sparer« etwas mehr Risiko eingehen und damit auch größere Chancen für höhere Erträge realisieren können.

	Ergebnis
Wie steht es mit Ihrem Cash? Übung 5 für die optimale Bewirtschaftung Ihrer Konten.	Dies bringt Ihnen eine Soll-Vorstellung über die bessere Bewirtschaftung Ihrer Konten.
Wie steht es mit Ihrem Vermögen in Wertschriften? Übung 6 zur Beurteilung der Zusammensetzung Ihres Vermögens.	Dies gibt Ihnen erste Vorstellungen über Änderungen bei Ihrer Vermögensstruktur. Warten Sie jedoch bis zur Zielfestlegung auf die Ergebnisse des Wunschtopfes.
Wie steht es mit Ihren Versicherungen? Übung 7 zur Beurteilung Ihrer Versicherungen.	Dies gibt Ihnen Anregungen, wie Sie Ihre Versicherungen neu ordnen können.
Wie steht es um Ihren Immobilienbesitz? Übung 8 für Eigenheimbesitzer.	Die Immobilien-Gesamtrechnung wird klarer und damit auch die Werterhaltung des Besitzes.
Wie hoch schätzen Sie Ihre Wertgegenstände ein?	Sie können daran Überlegungen anknüpfen, ob Ihr Besitz Ihren persönlichen Werten entspricht.
Wie halten Sie es mit dem Erbe? Übung 9 für jene, die etwas zu vererben haben. Übung 10 für jene, die ein Erbe erwarten können.	Dies gibt Ihnen Anregung, wie Sie das Erbe in der Finanzplanung einsetzen wollen.
Wie steht es mit Ihrer Altersvorsorge? Übung 11 zur Altersvorsorge.	Dies gibt Ihnen Zielvorstellungen, was Sie nebst den staatlichen Leistungen aus eigener Kraft für Ihr Alter an Vermögen aufbauen sollten.

Wie hoch ist Ihre Steuerlast? Übung 12 zu den Steuern.	Beim nächsten Besuch beim Steuerberater sollten Sie nicht nur das aktuelle Jahr steuerlich optimieren, sondern eine Steuerplanung beginnen.
Welche weiteren Verpflichtungen haben Sie noch? Übung 13 zur Ausbildung.	Dies zeigt Ihnen die Geldsummen, die Sie für Ausbildung, Unterstützungsleistungen einplanen müssen. Vergessen Sie nicht die Zeitspanne der Verpflichtung anzugeben.
Für welche Wendepunkte möchten Sie planen? Übung 14 zur Bewertung von Risiken bei Wendepunkten.	Dies vermittelt Ihnen Vorstellungen, für welche Wendepunkte Sie einen Risikoschutz oder andere Vorkehrungen, wie Ehevertrag, treffen wollen.

8. Wünsche

Füllen Sie Ihren Wunschtopf. Vergessen Sie nicht, daß gefüllte Wunschtöpfe Freiheit vermitteln. Verwenden Sie also am meisten Zeit auf die Überlegungen zu Ihren Wünschen und Zielen. Ihre Wünsche sind konkret und handfest in finanzielle Ziele mit Zeithorizont und/oder Zeitpunkt zu formulieren.

Persönlicher Wunschtopf

Wunsch	Betrag	Wann	Ideen für Wunscherfüllung

9. Rekapitulieren

Gehen Sie den Planungsprozeß noch einmal durch. Berücksichtigen Sie Ihre persönlichen Ziele vor allem bei den Planungsdaten 4 »Sollbudget«, 5 »Notgroschen« und 7 »Veränderungen bei der finanziellen Lebensbilanz«.

Beim zweiten Durchlauf wird sich bereits einiges verändert haben. Sie werden beobachten, wie Sie in diesem zweiten Prozeß größere Sicherheit gewinnen, über das, was Sie wirklich wollen.

10. Kontrolle

Legen Sie Kontrolltermine fest. Zum Beispiel können Sie jedes Quartal oder auch nur einmal im Jahr Ihre Planung mit dem tatsächlich Erreichten vergleichen. Kontrollen gehören zum Planungsprozeß. Man betrügt sich selbst, wenn man keine Kontrolle durchführt.

HINDERNISSE ÜBERSPRINGEN

Wenn Planen ein Prozeß ist, folgt daraus auch, daß es den günstigen Zeitpunkt für den Beginn der Planung nicht gibt. Wer auf den günstigen Zeitpunkt zum Anfangen wartet, wird nie wirklich anfangen, es wird eine Pseudoübung bleiben, wofür sich der Einsatz Ihrer Zeit nicht lohnt. Wenn Sie bei sich feststellen, daß Sie Argumente gebrauchen, wie »erst muß ich noch dies erledigen, jenes klären, bevor ich den Anlauf zum finanziellen Lebensplan mache«, dann suchen Sie nach dem Grund dafür. Irgendwo wird es eine Blockade geben, die verhindert, daß Sie der Realität Ihrer Finanzen ins Auge sehen. Wenn dies so ist, dann können Sie sich dadurch Unterstützung holen, daß Sie sich konkret mit Ihren Wünschen auseinandersetzen. Vielleicht ist ein Wunsch dabei, der so stark ist, daß er die Blockade des Beginnens überspringt.

Handeln, nicht auf den günstigen Zeitpunkt warten

Sie benötigen für die Steuerung Ihres Lebensschiffes eine Landkarte, um den eingeschlagenen Kurs immer wieder den neuen Erkenntnissen der Topografie anzupassen. Deshalb sind auch Kontrolltermine wichtig, sie dienen dazu, immer wieder das Ist mit dem Soll zu vergleichen und dann die Anpassungen vorzunehmen. Dieses schrittweise Vorgehen wirkt sich inso-

Durchhalten, kleine Erfolge motivieren

165

fern auch sehr günstig aus, als daß die kleinen Erfolge dadurch sichtbar werden. Und nichts wirkt bekanntlich so beflügelnd wie Erfolge. Sie können das Durchhalten mit dem Training im Sport, mit dem Erlernen einer Sprache oder mit einer Schlankheitskur vergleichen. Wenn Sie schon von Beginn an alles am Endziel messen, dann werden Ihnen auch kleine Schritte schal vorkommen. Wenn Sie 20 Kilogramm abnehmen wollen, dann scheint ein Kilo noch so weit weg vom Ziel. Jedoch ist, verglichen mit dem vorangegangenen Zunehmen, ein Kilo Abnahme schon ein Teilerfolg. Auch beim Lernen einer Fremdsprache hat man anfänglich das Gefühl, man wird sich nie wirklich verständigen können. Doch plötzlich wird man feststellen, und dies ist bei etwa 1.000 Wörtern der Fall, daß die alltägliche Unterhaltung schon ganz gut klappt. Es gibt immer zwei Meßlatten, von oben nach unten oder von unten nach oben. Wenn Sie mit 10.000 DM anfangen und das Ziel ist 1.000.000 DM, dann fühlen Sie sich mit 20.000 DM in einem Jahr sehr klein. Wenn sie jedoch von unten nach oben schauen, bedeutet die gleiche Zahl eine Verdoppelung. Die Vision von der Million bleibt die gleiche, aber der schrittweise Weg ist ungleich viel motivierender als die Sicht von oben nach unten.

Finanzplan wird zum Lebensplan Das Durchhalten fällt leichter, wenn man sich mit der Frage des Nutzens in all seinen vielen Facetten auseinandersetzt. Dringend ist ein Finanzplan für alle zu empfehlen, die an einem Wendepunkt in ihrem Leben stehen. Neue Lebensumstände erfordern ein neues Finanzkleid. Wer aus seinem Leben etwas machen will, wird früher oder später um einen Finanzplan nicht herumkommen, nicht nur in speziellen Lebenssituationen. Vielleicht helfen Ihnen dabei Erfahrungen von Umfragen im Anschluß an Kurse über Finanzplanung. Die Umfragen wurden ein halbes Jahr nach den Kursen durchgeführt. Anhand der Umfragen sollte herausgefunden werden, ob sich die Finanzen verbessern, wenn der Fokus eines Kurses auf die Geldpersönlichkeit und die Ziele in der jeweiligen Lebensphase gerichtet ist und nicht auf Vermittlung von reinem Sachwissen. Von den Befragten gaben 45 % an, daß sie planmäßig an ihren Finanzen arbeiten, 42 % teilweise, und 13 %

haben noch nicht begonnen. Die folgende Auswertung gibt Ihnen Hinweise, was Sie von der Finanzplanung erwarten können. Auch die Beschäftigung mit dem zu erwartenden Nutzen motiviert, im Prozeß voranzuschreiten.

Welche Erfahrungen haben Sie gemacht?	Antworten
Ich habe meine Finanzen besser im Griff	53%
Ich habe mehr Ordnung in den verschiedenen Konten für verschiedene Zwecke	38%
Die Zusammenarbeit mit der Bank hat sich verbessert, ich kann meine Anliegen besser durchsetzen	34%
Mein Lebensstandard entspricht besser meinen Wertvorstellungen, ich gebe Geld für mich sinnvoller aus	22%
Mit der neuen Finanzstruktur wird eine bessere Rendite als früher erzielt	47%
Die neue Finanzstruktur gibt mir mehr Sicherheit	25%
Meine/unsere Lebensumstände haben sich stark geändert	13%
Ich bin über den Erfolg unsicher	9%
Die Planung war mir nicht wichtig genug	3%
Ich hatte keine Zeit, Maßnahmen in Gang zu bringen	16%

BRINGEN SIE DIE STÄRKEN IHRER GELDPERSÖNLICH-KEIT IM UMGANG MIT DER FINANZWELT EIN

Was für die Umsetzung des Finanzplanes noch fehlt, ist der richtige Umgang mit den Spielern auf dem Feld der Finanzen. Eigentlich präsentiert sich die Ausgangslage für den Privatkunden recht gut. Die Banken- und Versicherungskartelle sind in den Neunzigerjahren fast überall gefallen. Also herrscht Wettbewerb, die Zeit der abgesprochenen Preise für Bankdienstleistungen ist vorbei. Der Wettbewerb um den Kunden findet bei Banken und Versicherungen nun auch über die Preise, sprich Gebühren,

Marktmacht erkennen

167

Zinsen und Renditen statt. Es steht dem Kunden ein vielfältiges Angebot zur Auswahl. Der Marktplatz ist die Welt. Theoretisch sollte der größere Wettbewerb letztlich dem Kunden mehr Vor- als Nachteile bringen, insbesondere weil die Macht des Kunden am Markt noch zusätzlich Unterstützung durch die Medien erhält. Diese haben ihre Berichterstattung über Wirtschaftsfragen in den letzten Jahren enorm ausgebaut, und zwar nicht nur in der Fachpresse, sondern auf breitester Ebene. So entstand zum Beispiel der »Euro am Sonntag«, eine Art populäre Zeitung im Stil Bild-Zeitung. Im Fernsehen werden die Herren (noch sind es nur wenige Damen) Finanzmarktexperten zu neuen Medienstars. Die Frankfurter Allgemeine schuf neben dem Wirtschaftsteil noch einen eigenen Finanzmarktteil. Selbst die Lokalblätter berichten regelmäßig über die wichtigen Finanzdaten. Börsenbriefe, Geldonkel und Geldtanten in Radio, Fernsehen und Zeitungen geizen nicht mit Tips, wie man mit Finanzen umgehen soll. Es mangelt also keinesfalls an Informationen und Vergleichen zwischen den Bank- und Versicherungsprodukten.

Die Interessen der Konsumenten werden noch von anderer Seite gestützt. Für Banken und Versicherungen wurden Ombudsstellen geschaffen, die den Konsumenten raten und auch behilflich sind, um Fehler von Banken und Versicherungen zu korrigieren. Auch der Gesetzgeber blieb nicht untätig. Es entstanden eine Reihe Gesetze auf nationaler und EU-Ebene, um den Schutz des Konsumenten zur gewährleisten. Insbesondere wurden die Finanzdienstleister zur Aufklärung über Risiken verpflichtet. Aus dieser Optik betrachtet, müßte der Nachfrager nach Finanzdienstleistungen, also der Kunde, eigentlich Marktmacht haben.

Gegenwind: Bankgewinn entspricht nicht immer dem Kundennutzen Das Gegenteil scheint jedoch der Fall zu sein. Das Gefühl des Ausgeliefertseins gegenüber den Banken und Versicherungen und die Unzufriedenheit unter den Kunden dominieren. Diesem Widerspruch ist nachzugehen. Die Finanzbranche wird von einem kräftigen Wandel geschüttelt. Meldungen von Übernahmen, Liquidationen und Fusionen von Banken und Versicherungen gehören zur Tagesordnung. Selbst in einem als Bankenhochburg bekannten Land wie der Schweiz ist die Zahl der Banken auf die Hälfte geschrumpft. Neue Formen des Vertriebs, wie Online-Banking oder Versicherungsabschluß am Telefon, ersetzen den Gang zur Bankfiliale oder den Besuch des Versicherungsvertreters. Treibende Kraft der Veränderungen ist die Erzielung von höheren Gewinnen, der »share holder value« wurde entdeckt. Mit anderen Worten, der Kunde muß sich rentieren, das Bankprodukt muß sich rentieren, und der einzelne Mitarbeiter muß einen Mehrwert erzielen, sich also ebenfalls rentieren.

Nun ist leicht einzusehen, daß die Interessen der Bank nicht unbedingt in jedem Fall mit den Interessen des Kunden übereinstimmen müssen. Was den Gewinn der Banken erhöht, muß nicht auch den Nutzen des Kunden steigern. Folgendes Beispiel mag dies illustrieren: Der Bankberater wird dem Kunden jene Hypothekarform empfehlen, die seiner Bank den größten Gewinn bringt. Wenn zum Beispiel Hypotheken mit einer fünfjährigen Laufzeit gerade sehr gut ins Risiko- und Ertragsprofil der Bank passen, wird der Berater dem Kunden, der gerade sein Eigenheim finanzieren will, die Vorzüge einer Hypothek mit fünfjähriger Laufzeit auflisten. Es kann sein, daß diese Laufzeit auf den Kunden paßt, dann haben beide die gleichen Interessen. Es könnte jedoch sein, daß dem Kunden mit einer anderen Laufzeit besser gedient wäre. Ein anderes Beispiel: Für die Bank X ergibt die interne Produkterechnung, daß für sie die Zielfonds mit ausgewogener Struktur (40 % Aktien, 55 % Obligationen und 5 % Cash), am rentabelsten sind. Ein Kunde, der sich nicht genau im klaren über seine finanziellen Ziele ist, wird den Argumenten, die für eine ausgewogene Struktur sprechen, wenig entgegensetzen können. Aber vielleicht ist der Kunde ebenso risikofähig wie Dora Jensen und könnte problemlos einen reinen Aktienfonds wählen. Wenn der Kunde gern kontrollorientiert ist, dann wird ihm beispielsweise ein Index-Fonds, den er mit dem entsprechenden offiziellen Index vergleichen kann, besser entsprechen als ein gemischter Fonds bei dem die Verlgeichbarkeit für ihn nicht einfach nachzuvollziehen ist. Ein

Anleger mit Sparorientierung, der auf die Gebühren schaut, wird lieber keinen aktiv gemanagten Fonds mit hohen Managementkosten wie den »Balanced« nehmen, sondern einen Fonds, der nur den Index nachbildet und kostengünstig ist.

Prüfen Sie, es ist Ihr Geld! Es kann bei Banken allerhand schiefgehen. Sie müssen dazu beispielsweise nur den Jahresbericht der Bankenombudsstelle zur Hand nehmen. Eine Auswahl aus dem jüngsten Bericht des Schweizerischen Ombudsmanns liest sich so: »Kredit wird kurzerhand gekündigt. – Einem als konservativ bekannten Anleger wurden von seinem Berater brasilianische Bonds ins Wertschriftendepot gelegt. – Die Börsenabrechnung enthält Ungereimtheiten. – Der Vertrag über die Festhypothek lautet anders als besprochen. – Geldbezüge am Bancomaten wurden verrechnet, obwohl sie nie getätigt wurden. – Mehrwertsteuer wird belastet, wo eigentlich keine anfällt.«

Je genauer man weiß, was man will und die eigenen Finanzgeschäfte prüft und mit Alternativen vergleicht, desto besser.

Noch ein Wort zum Abschluß von Versicherungen: Insbesondere bei Versicherungsverträgen ist Genauigkeit beim Ausfüllen der Anträge zentral, denn eine ungenaue oder falsch beantwortete Frage kann im Schadenfall ein Problem werden. Die Versicherung zahlt für den betreffenden Schaden nicht; sie kann den Vertrag auch kündigen. Die Marketingstrategie der Versicherungen spricht die Angst in den Menschen an, und wer wollte nicht von seinen Ängsten befreit werden. Auch wenn Mißtrauen keine so schöne Verhaltensmaxime ist, sehen Sie sich die Vorschläge der Versicherer mit einer guten Portion Skepsis an.

Viele Beispiele zeigen, daß es den Finanzdienstleistern in erster Linie um ihr ureigenes Gewinninteresse geht, das sich zufällig mit jenem des Kunden treffen kann. Wenn Sie diese Erkenntnis auf Ihr Verhalten im Umgang mit der Finanzwelt übertragen, dann müssen Sie davon ausgehen, daß die

170

Interessen der Bank nicht primär Ihren eigenen Zielen entsprechen. Die Werbung suggeriert zwar etwas ganz anderes, indem sie vor allem propagiert, die Bedürfnisse des Kunden erfüllen zu wollen. Dabei ist weiter zu bemerken, daß die Marketingstrategien raffinierter werden. Es wird meist keine blinde Bauernfängerei betrieben, sondern durchaus eine ganzheitliche und umfassende Beratung suggeriert. Letztlich geht es jedoch um den Verkauf von Produkten. Im Zuge des härteren Wettbewerbs greift auch das schnelle Geschäft, der schnelle Abschluß um sich. Aber dieses bringt in aller Regel nur Komplikationen für den Kunden.

Kurz gesagt, nehmen Sie sich also Zeit, den Depotauszug und den Versicherungsvertrag anzusehen. Wenn etwas unverständlich ist, fragen Sie nach. Es ist nicht an Ihnen, den Finanzjargon zu lernen, sondern an den Finanzdienstleistern, sich allgemein verständlich auszudrücken. Nutzen Sie Ihre Marktmacht als Kunde. Es sieht nur auf den ersten Blick so aus, als könnten Sie sich in der Vielfalt der Produkte und Angebote nicht zurechtfinden. Den Kompaß dazu haben Sie in der Hand, nämlich das Wissen um Ihre Geldpersönlichkeit und Ihre Ziele.

Die Kenntnis Ihres Entscheidungsverhalten und Ihrer Kommunikationsebene spielt für die Auswahl der konkreten Finanzprodukte und den Umgang mit Banken und Versicherungen eine zentrale Rolle. Denken Sie daran, daß Sie vor allem die Stärken Ihrer Geldpersönlichkeit nutzen wollen und mit den Schwächen, was nichts anderes ist als die Kehrseite der Medaille, klug umgehen. Lassen Sie sich vorwiegend nur auf der Ebene Ihrer Stärken mit Finanzberatern ein, nicht auf der Ebene Ihrer Schwächen.

Nutzen Sie die Stärken Ihrer Geldpersönlichkeit!

Ihr Entscheidungsverhalten gibt Ihnen einen ersten guten Hinweis, welche Finanzprodukte Sie wählen sollten. Wenn Sie eher alles im Griff haben wollen, dann sollten Sie nur solche Bank- und Versicherungsprodukte wählen, die Sie wirklich verstehen und die Sie kontrollieren können. Die Welt der hybriden Produkte, der Derivate, ist dann ungeeignet. Wenn Sie die

Entscheidungsverhalten: Ihre Beurteilung	Wie bringen Sie Ihre Geldpersönlichkeit vorteilhaft zur Geltung?
Kontrollorientiert:	Nutzen Sie Ihr schrittweises Vorgehen, indem Sie sich die einzelnen Schritte genau erklären lassen. Beginnen Sie mit dem, was Ihnen vertraut ist.
Zielorientiert:	Legen Sie Ihre Berater auf Ziele fest. Lassen Sie sich erklären, wie Sie Ziele messen können, woran Sie die Zielerreichung sehen können.
Unsicher:	Lassen Sie sich Varianten – mindestens zwei – zeigen, dies hilft für eine informierte Entscheidung.

Aktie den Optionen vorziehen, dann stimmt dies besser mit Ihrer Geldpersönlichkeit überein. Sie verpassen dabei nichts, denn die Ergebnisse der beiden Möglichkeiten sind schließlich nicht so verschieden. Wenn etwas schiefgeht, und die Zukunft ist immer unsicher, dann bedrückt das Gefühl, daß man es eigentlich gewußt hatte. Jene mit zielorientiertem Entscheidungsverhalten können auch Produkte wählen, bei denen sie die eigentlichen Inhalte nicht ganz übersehen können. Die Unsicheren sollten auf keinen Fall auf die schnelle Art, beispielsweise über das Telefon, Finanzanlagen kaufen. Werden Sie besonders skeptisch, wenn Ihnen hohe Gewinne versprochen werden, wenn Sie am Telefon zu raschen Entscheiden gedrängt werden, wenn phantasievolle Namen für Produkte oder für die Domizile der Firmen angepriesen werden. Der naheliegendste Tip dazu ist, jeden finanziellen Entscheid erst einmal zu überschlafen.

Meßlatten für den kundenorientierten Berater Was eine Bank von einer anderen unterscheidet, sind die persönlichen Dienstleistungen, nicht ihre Produkte. Dies gilt vor allem bei komplexeren Dienstleistungen wie Anlageberatung und Kredite. Entscheidend ist also, daß Sie den richtigen Berater finden. Ein einfacher und wirkungsvoller Test, ob sich ein Berater für das Anliegen des Kunden interessiert, ist die Redezeit. Wenn in einem einstündigen Gespräch der Berater mehr als die

Ihre Kommunikationsebene: Beurteilung	Wie bringen Sie Ihre Geldpersönlichkeit vorteilhaft zur Geltung?
Emotional	Vertrauen Sie auf Ihre Intuition, bitten Sie jedoch den Berater, er solle Ihnen ein Gegenargument für den Vorschlag, der Ihnen gefällt, nennen.
Umgangssprache	Bringen Sie Ihre beiden Seiten, nämlich die gefühlsmäßige Einschätzung und die Gewichtung der logisch schlüssigen Argumente auch tatsächlich zum Tragen.
Geschäftsmäßig	Setzen Sie die Kraft Ihrer nüchternen Beurteilung ein, und nutzen Sie Ihre rationale Vorgehensweise zum Aufspüren von Argumenten für »weiche« Fakten.

Hälfte selbst redet, dann liegt der Verdacht nahe, daß er den Kunden zum Kauf eines Produkts überreden will. Das Interesse des Kunden wird auf diese Weise vermutlich nicht herausgefunden. Gemäß Untersuchungen wurde eine Redezeit von 80 Prozent des Kundenberaters, insbesondere bei Erstgesprächen, festgestellt. Eine wichtige Qualität im Verlaufe der Beziehung ist die Zuverlässigkeit. Auch diese ist mittels einfacher Beobachtungen festzustellen, ob er oder sie Versprechen einhält, wie beispielsweise zur vereinbarten Zeit zurückzurufen.

Im Grunde geht es bei der Beziehung mit einem Berater um die Frage der Gleichwertigkeit der Gesprächspartner. In diesem Punkt sind es insbesondere die Frauen, die noch Wünsche offen haben. Die häufigsten Verhaltensmuster der männlichen Berater reichen von »väterlich wohlwollend« kombiniert mit »nicht ganz ernst nehmend« bis zu Dominanzgehabe mit Expertenjargon. Frauen sind vom Erscheinungsbild her schwieriger einzuschätzen. Wer eine junge Frau in Jeans mit einem Kind auf dem Arm und mit Buggy am Bankschalter als einfaches Gemüt behandelt, irrt meistens.

Denn mit dem Kinderkriegen haben die Frauen weder ihren Verstand noch ihre Ausbildung verloren. Ein Rat an die Frauen, lassen Sie sich nicht beeindrucken, bleiben Sie auf Ihrer Kommunikationsebene und fragen Sie hartnäckig nach. Sie werden dadurch bald herausfinden, wie es um die Kompetenz bestellt ist.

Sie können sich auch auf die Ergebnisse der Forschungen über die Servicequalität stützen und diese als persönliche Checkliste für die Auswahl des Kundenberaters benutzen:

Rang		
1	Kompetenz:	Zuverlässigkeit und Fähigkeit der Leistung
2	Responsiveness:	Bereitschaft zur Ausrichtung auf den Kunden
3	Empathie:	Persönliche Aufmerksamkeit gegenüber dem Kunden
4	Sicherheit:	Stabilität der Institution und Berater
5	Äußerer Eindruck:	Gebäude und das äußere Erscheinungsbild des Beraters

Und sollten Sie unzufrieden sein, ziehen Sie die Konsequenzen und testen Sie die nächste Adresse und eventuell auch die übernächste. Denn schließlich geht es um Ihr Geld.

Auf die Unabhängigkeit des Finanzplaners achten

Wenn Sie nach einer Beratung für Finanzplanung suchen, dann gibt es eine zentrale Frage, die zu stellen ist, nämlich jene nach der Unabhängigkeit. So bieten heute Banken und Versicherungen auch eine Finanzplanung an. Der eigentliche Zweck ist jedoch, herauszufinden, welches Produkt dem Kunden noch fehlt, um ihm dieses dann anzubieten. Mit anderen Worten, die echte Unabhängigkeit fehlt. Dies heißt nun nicht, daß Sie Banken und Versicherungen für Ihre Finanzplanung meiden sollen. Sie müssen jedoch die Ergebnisse darauf hin ansehen, daß diese auch die Eigeninteressen der Anbieter enthalten.

Wirklich unabhängig ist ein Finanzplaner dann, wenn er sein Geld mit Beratung verdient und nicht über den Verkauf von Bank- und Versicherungsprodukten, die mit einer Provision vom Hersteller verknüpft ist. In den USA, wo die Finanzplanung eine längere Tradition hat als in Europa, wird dies mit »fee-only company« bezeichnet. Dort sind die Finanzplaner auch aus den Treuhand- und Steuerberatungsfirmen entstanden, in Deutschland und der Schweiz hingegen aus der Bank- und Versicherungsbranche, die an das Provisionsmuster gewöhnt ist. In diesen Ländern gibt es immer noch nur wenige tatsächlich unabhängige Finanzplaner, also die »fee-only company«. Bei den nicht ganz Unabhängigen ist darauf zu achten, daß Sie dem Kunden die Provision offenlegen und mit dem eigentlichen Beratungshonorar verrechnen. Dies ist zwar schon transparenter, es besteht jedoch immer noch der leise Verdacht, daß der Planer eben doch jene Banken und Versicherungen mit den höchsten Provisionssätzen bevorzugt. Aber in diesem Fall können Sie gezielt nachfragen.

Auswahlkriterien für einen Finanzplaner:

- Unabhängigkeit von Banken, Versicherungen, entweder eine Fee-only-Beratung oder eine Beratung, bei der die Provisionen offengelegt werden.
- Fachkompetenz, wie Kenntnis der Finanzprodukte sowohl von Banken als auch Versicherungen, Kenntnisse zu dem Thema Immobilien, Steuern sowie Ehe- und Erbrecht.
- Sozialkompetenz, Fähigkeit des Zuhörens, der Test mit der Redezeit sollte unbedingt bestanden werden.
- Erfahrung, auch noch so brillantes Finanzwissen kann das persönlich erlebte Auf und Ab der Wirtschaft nicht ersetzen.

Wenn Sie mit Hilfe eines Finanzplaners eine Beratung durchgeführt haben, dann gehört auch eine Beurteilung des Nutzen dazu. Die folgende Checkliste gibt Hinweise:

Nutzen der finanziellen Lebensplanung

Nutzen	Bewertung
Wichtige Einflußfaktoren auf mein Lebensfinanzbudget wurden mir klarer.	
Die Beratung ergab einen Maßnahmenplan, der zu meiner Geldpersönlichkeit paßt.	
Der finanzielle Spielraum wurde dank der Finanzplanung größer.	
Mit der neuen Finanzstruktur wird eine bessere Rendite als heute erzielt.	
Die neue Finanzstruktur zeichnet sich durch ein geringeres Risiko bei gleichem Ertrag aus.	
Ersparnis bei Gebühren.	
Ersparnis bei Steuern.	
Zeitersparnis bei eigenen Abklärungen.	

Zusammengefaßt gilt, daß Sie aus Ihrer Marktmacht in der Finanzwelt auch Nutzen ziehen sollten. Dank dem Wettbewerb ist das Angebot groß. Informationen sind verfügbar. Dabei sind Ihre konkret formulierten Ziele der Kompaß, um in der Informationsflut nicht unterzugehen. Sie brauchen dafür nicht die ganze Angebotspalette zu studieren, sondern nur jene Produkte, die zu Ihrem Ziel passen. Dazu dienen die zehn Bausteine des persönlichen Finanzplanes. Auch der Umgang mit den Akteuren in Banken und Versicherungen ist einfacher, wenn Sie sich an Ihre Ziele halten. Sie werden dann wesentlich weniger von den Verkaufsstrategien vereinnahmt. »Dem Geld darf man nicht nachlaufen, man muß ihm entgegengehen«, so ein Ausspruch von Aristoteles Onassis. Gehen Sie also Ihrem Geld entgegen, indem Sie die Stärken Ihrer Geldpersönlichkeit nutzen und die Schwächen intelligent überlisten. Wenn dann noch die Wünsche in konkreten Zahlen da sind, werden Sie den Reichtum erreichen, der zu Ihnen paßt und Ihnen Zufriedenheit gibt.

Ihre Ziele und Ihre Geldpersönlichkeit sind das beste Leitmotiv für den Umgang mit der Finanzwelt

Anhang

Durchschnittliche Lebenserwartung Deutschland

Alter	Durchschnittliche Lebenswerwartung in Jahren	
	männlich	weiblich
0 – 4	72,0	78,3
5 – 9	67,2	73,4
10 – 14	62,2	68,5
15 – 19	57,3	63,5
20 – 24	52,5	58,6
25 – 29	47,8	53,7
30 – 34	43,0	48,8
35 – 39	38,3	44,0
40 – 44	33,7	39,2
45 – 49	29,2	34,5
50 – 54	24,9	30,0
55 – 59	20,8	25,5
60 – 64	17,0	21,2
65 – 69	13,6	17,1
70 – 74	10,6	13,3
75 – 79	8,0	9,9
80 – 84	5,9	7,1
85 – 89	4,3	4,9
90 +	3,7	4,0

Quelle: Statistisches Bundesamt, Sterbetafel 1995/97

Durchschnittliche Lebenserwartung Österreich

Alter	Durchschnittliche Lebenswerwartung in Jahren	
	männlich	weiblich
0 – 4	71,0	77,5
5 – 9	66,4	72,7
10 – 14	61,3	67,8
15 – 19	56,4	62,8
20 – 24	51,6	57,9
25 – 29	47,1	53,0
30 – 34	42,3	48,1
35 – 39	37,7	43,3
40 – 44	33,0	38,5
45 – 49	28,6	33,8
50 – 54	24,3	29,3
55 – 59	20,3	24,8
60 – 64	16,6	20,5
65 – 69	13,3	16,4
70 – 74	10,3	12,6
75 – 79	7,6	9,3
80 – 84	5,5	6,5
85 – 89	4,0	4,5
90 +	2,8	3,1

Quelle: Österreichisches Statistisches Zentralamt, Sterbetafel 1990/92

Durchschnittliche Lebenserwartung Schweiz

Alter	Durchschnittliche Lebenswerwartung in Jahren	
	männlich	weiblich
0 – 4	75,9	81,9
5 – 9	71,7	77,7
10 – 14	66,8	72,8
15 – 19	61,8	67,8
20 – 24	57,0	62,9
25 – 29	52,3	58,0
30 – 34	47,6	53,1
35 – 39	42,9	48,2
40 – 44	38,2	43,4
45 – 49	33,5	38,6
50 – 54	29,1	34,0
55 – 59	24,7	29,4
60 – 64	20,5	24,9
65 – 69	16,6	20,6
70 – 74	13,0	16,4
75 – 79	9,9	12,6
80 – 84	7,2	9,1
85 – 89	5,1	6,3
90 +	3,9	4,3

Quelle: Bundesamt für Statistik, Kohortensterbetafeln für die Schweiz 1996/97

Literaturhinweise

Zum deutschsprachigen Markt

Berger, Hansruedi: Finanziell sicher durchs Leben. Hrsg. Der Schweizerische
  Beobachter. Jean Frei AG, Zürich 1999

Bolanz, Max / Matter, Ruedi: Geld Tip. Der persönliche Finanzberater. Überreuter Wirtschaft, Frankfurt/M. 1997

Brestel, Heinz: Jahrbuch für Kapitalanleger. Betriebswirtschaftlicher Verlag
  Dr. Th. Gabler GmbH, Wiesbaden 1999

Erlenbach, Erich / Gotta, Frank: So funktioniert die Börse. Aktien, Zinsen,
  Derivate, Euro. Societäts-Verlag, Frankfurt/M. 1999

Grziwotz, Herbert : Trennung und Scheidung. Beck-DTV, München 1999

Heri, Erwin W.: Die acht Gebote der Geldanlage. Helbling & Lichtenhahn,
  Basel und Frankfurt/M. 2000

Jungblut, Michael: WISO Börsen-Buch. Von Aktie bis Zinsswaps. Überreuter
  Wirtschaft, Frankfurt/M. 1998

Klöckner, Bernd W.: Gewinnen mit Aktien. Chancen für Einsteiger. Falken-
  Verlag, Niedernhausen 1999

Konrad, Rainer / Layr, Wolfgang: Geld sicher anlegen und vermehren.
  Schäffer-Poeschel Verlag, Stuttgart 1999

Kostolany, André: Geld und Börse. Die Kunst, ein Vermögen zu machen.
  Ullstein TB-Verlag, Berlin 1994

Kuschel, Svea: Finanzielle Sicherheit für selbständige Frauen. Econ TB Verlag, Düsseldorf 1999

Lattmann, Jürg M. / Trachsler, Jacques / Horlacher, Felix: Vom Pensionsgeld
  leben. Werd Verlag, Zürich 1997

Schiebel, Heinrich: So finanziere ich Haus und Wohnung. Die Kunst, Vermögen zu bilden. Beck-DTV, München 1996

Fachliteratur zu Anlagen:

Gehrig, Bruno / Zimmermann, Heinz: Fit for Finance. Verlag Neue Zürcher Zeitung, Zürich 1996

Heri, Erwin W.: Was Anleger auch noch wissen sollten ... Helbing & Lichtenhahn, Basel und Frankfurt/M. 1996

Lhabitant, François-Serge: Portfolio management in the 20th century: An overview. In: Finanzmarkt und Portfolio Management. Schweizerische Gesellschaft für Finanzmarktforschung. 12. Jahrgang 1998 – Nr. 4

Zum amerikanischen Markt:

Bryan, Mark / Cameron, Julia: The Money Drunk – 90 Days to Financial Freedom. Ballantine Books, New York 1992

Garner, Robert J. / Coplan, Robert B. / Raasch, Barbara J. / Ratner, Charles L.: Ernst & Young's Personal Financial Planning Guide. John Wiley & Sons, Inc., New York, Chichester, Brisbane, Toronto, Singapore, Weinheim 1996

Gurney, Kathleen: Your Money Personality. Doubleday, New York 1988

McWilliams, John-Roger & Peter: Wealth 101 – Wealth Is Much More Than Money. Prelude Press, Los Angeles 1992

Young Fisher, Sarah / Shelly Susan: The Complete Idiot's Guide to Personal Finance in Your 20s and 30s. alpha books, New York 1999

Stichwortverzeichnis